Low
High
Warm

IMPRESSUM

Math. Lempertz GmbH
Hauptstraße 354
53639 Königswinter
Tel.: 02223 / 90 00 36
Fax: 02223 / 90 00 38
info@edition-lempertz.de
www.edition-lempertz.de

Dieses Kochbuch wurde nach bestem Wissen und Gewissen verfasst. Weder der Verlag noch der Autor tragen die Verantwortung für ungewollte Reaktionen oder Beeinträchtigungen, die aus der Verarbeitung der Zutaten entstehen.
Für Schäden, die bei der Zubereitung der Gerichte an Personen oder Küchengeräten entstehen, wird keine Haftung übernommen.
Bitte beachte die Anwendungshinweise der Gebrauchsanweisung deines Slow Cookers.

Titelbild: Adobe Stock
Lektorat: Edition Lempertz, Christina Meuser
Layout/Satz: Kerstin Pfeiffer
Druck und Bindung: Print Consult GmbH, München
Printed and bound in Slovakia

ISBN: 978-3-96058-196-3

Bildnachweis:
©Sylvia Lühert
©Adobe Stock: sebra, CoolVectorStock, Liddy Hansdottir, Hein Nouwens, alkerk, Dozey, Sven Maaßen, lightpoet, redkoala, John Takai, ivan kmit, Arundhati, Printemps, HLPhoto, Robert, lightenir, John Smith, amyinlondon
©Stockfood: Teubner Foodfoto

klimaneutral
powered by ClimatePartner°
Druck | ID 12515-1708-1001

MIX
Papier aus verantwortungsvollen Quellen
FSC www.fsc.org
FSC® C084279

SYLVIA LÜHERT

Easy kochen mit dem SLOW COOKER

Geeignet für alle Gerätetypen und -größen

LEMPERTZ

Inhalt

Schwein

Fisch & Vegetarisch

Süßes

Easy kochen mit dem SLOW COOKER

Unser Leben wird immer schneller, aber das Kochen wird jetzt langsamer!? Ja genau, und es passiert fast nebenbei. Der Slow Cooker wird mit den Zutaten befüllt und darf dann seine Arbeit tun, während wir unsere Aufgaben erledigen. Zugegebenermaßen erfordert das eine kleine Umstellung in der Kochroutine, aber warum nicht? Mit anderen Haushaltsgeräten wie Spülmaschine, Waschmaschine und Trockner praktizieren wir diese Form der Arbeitsteilung ja auch schon.

Doch fangen wir am Anfang an. Der Slow-Cooker-Trend ist aus den USA und Kanada zu uns herübergeschwappt und so ist es verständlich, dass die Bezeichnungen der Marktführer, „Crock Pot®" oder „Crocky", quasi zum Synonym für alle Geräte geworden sind. Mittlerweile gibt es verschiedenste, auch europäische Anbieter dieses vergleichsweise einfach aufgebauten Haushaltsgerätes.

Im Wesentlichen besteht ein Langsamgarer aus einem Außentopf mit Deckel, in den ein Innentopf eingesetzt wird. Der Außentopf beherbergt eine mehr oder weniger aufwändige Steuerungseinheit, mit der in der Regel zwei Garstufen eingestellt werden können – LOW und HIGH. Komfortabler ausgestattete Geräte haben auch eine Zeitschaltuhr und eine Warmhaltefunktion, was sich aber im Preis bemerkbar macht, der zwischen 30 und 230 Euro liegen kann. Die Lebensmittel selbst werden in den Innentopf eingefüllt, der beispielsweise aus Keramik, Emaille oder einem anderen nicht-haftenden Material besteht. Manchmal kann in ihm sogar auf dem Herd angebraten werden, das muss individuell in der Bedienungsanleitung nachgelesen werden. Verschlossen wird der Slow Cooker dann idealerweise mit einem Glasdeckel, der es ermöglicht, die Speisen zu beobachten, ohne ihn öffnen zu müssen. Denn das In-den Topf-Gucken sollte man sich möglichst abgewöhnen, um den Niedrigtemperatur-Garprozess nicht unnötig zu stören.

Es gibt drei verschiedene Größen mit unterschiedlichem Fassungsvermögen. Der kleine 1,5-Liter-Topf wird für 1–2 Personen empfohlen, der mittlere mit 3,5 Litern Inhalt für 4 Personen und der größte mit 6,5 Litern Fassungsvermögen findet seinen Einsatz bei 6 und mehr Personen. Er eignet sich beispielsweise wunderbar, um ihn mit einer leckeren Suppe auf dem Partybuffet aufzustellen und die Gäste mit dem Duft zu verführen. Der Slow Cooker erzielt die besten Garergebnisse, wenn er mindestens zur Hälfte befüllt ist. Andererseits braucht er einen kleinen Sicherheitsrand, damit die Speisen nicht überspritzen können. Dies gilt es, bei der Entscheidung über das Fassungsvermögen zu beachten. Die Rezepte in diesem Buch sind in Modellen für 6,5 Liter zubereitet worden.

Die Lebensmittel werden laut Rezept vorbereitet und in den Innentopf gefüllt. Wenn gewünscht, werden sie vorher angebraten, um zusätzliche Röstaromen zu erhalten – das muss aber nicht sein. Magenschonender ist es, auf diesen Schritt zu verzichten. Das Anrösten erfolgt in einer Pfanne oder einem Topf auf dem Herd, unter Umständen kann hierfür auch der Innentopf genutzt werden, das ist abhängig von Material und Form des Innentopfes und dem Herd. Moderne Induktionsherde funktionieren nicht mit Keramik, auch sollte möglichst eine zur Form des Innentopfes passende beispielsweise ovale Herdplatte vorhanden sein.

Unbedingt zu beachten ist, dass sich die Aromen durch den langsamen Garprozess intensivieren. Man sollte also besser zurückhaltender würzen und lieber beim Abschmecken nachwürzen. Die Garflüssigkeit wie z. B. Brühe wird vorher mit den Gewürzen angerührt, die sich dabei vollständig auflösen und verteilen sollten. Der Garprozess selbst findet bei Temperaturen unter dem Siedepunkt statt. Das schont die empfindlichen Inhaltsstoffe wie Vitamine und lässt Fleisch wunderbar zart und saftig werden. Auch ist der Energieverbrauch dadurch um ein Vielfaches geringer als beim herkömmlichen Garen. Slow Cooker benötigen einfachen Haushaltsstrom mit 230 V, eine herkömmliche Steckdose genügt also. Vom Platzbedarf im Vergleich zu einem Herd mit Backofen ganz zu schweigen!

Das macht diese Geräte auch für Camper und Bootsfahrer interessant. Die niedrige Temperatur wird wettgemacht durch eine lange Garzeit zwischen 3 und 12 Stunden. Der Slow Cooker sollte für diese Zeit, in der er wahrscheinlich unbeobachtet arbeitet, unbedingt sicher auf einer nicht brennbaren Unterlage stehen. Auch sollten Haustiere keinen Zugang haben, damit sie nicht aus Neugier nachschauen wollen, was da so lecker duftet.

Beim Garen im Slow Cooker wird zwar der Eigengeschmack der Lebensmittel intensiviert, jedoch leiden leider die frischen Farben der Zutaten. Das lässt sich aber einfach ausgleichen, indem zum Fertigstellen der Speisen frische, gehackte Kräuter, Frühlingszwiebelröllchen und Ähnliches verwendet werden. Wird eine dickere Sauce gewünscht, kann etwas von der Garflüssigkeit einfach in einen separaten Topf abgeschöpft und auf dem Herd mit angerührter Speisestärke oder Saucenbinder angedickt werden. Anschließend wird sie dann wieder mit dem Gericht verrührt. Im Slow Cooker lassen sich nach Art eines Eintopfs auch die Beilagen, z. B. Reis, mitgaren. Appetitlicher anzurichten ist es aber, wenn die Beilagen separat gegart werden. Das lässt sich je nach Zeit und Geschmack individuell entscheiden, unter den Rezepten finden sich beide Varianten (Karibisches Hähnchen, s. S. 46 und Sweet-Mango-Chicken, s. S. 52).

Süßspeisen können ebenfalls im Slow Cooker hergestellt werden, meistens garen sie dann in einem Wasserbad. Dafür wird die Form mithilfe eines Tellers oder einfach eines gerollten und zum Ring geformten Stücks Alufolie etwas erhöht in das Wasserbad gestellt und die Form sicherheitshalber mit einem Stück Frischhaltefolie abgedeckt, damit keinesfalls Kondenswasser hineintropfen kann. Gerade Dampfnudeln und Cheesecakes gelingen so einfach perfekt!

Durch die niedrigen Gartemperaturen wird ein Anbrennen vermieden und so wird auch das Reinigen des Innentopfes denkbar einfach. Je nach Hersteller können Innentopf und Deckel sogar in die Spülmaschine gegeben werden. Viele Gründe sprechen also dafür, diese Zubereitungsmethode auszuprobieren und sich durch die vielseitigen Rezepte zu kochen.

Easy kochen mit dem
SLOW COOKER

Tipp: Variiere die Fladenbrote, indem du jeden Fladen mehrfach mit einer Gabel einstichst, mit je 5 ml Olivenöl und 10 g griechischem Joghurt bestreichst und einige Chiliflocken oder Sesamsamen darüberstreust.

Fladenbrot

Zeit: 10 Minuten plus 50 Minuten plus 5–8 Minuten
Utensilien: 2 Backbleche und -papiere, Nudelholz
6 Portionen

250 g Weizenmehl, Type 00 + zum Bemehlen
½ Würfel Frischhefe
125 ml handwarmes Wasser
1 TL Salz
15 ml Olivenöl

1. Gib das Mehl in eine Schüssel und forme eine Mulde, in die du die Hefe bröselst. Gieße das handwarme Wasser zu der Hefe in die Mulde. Decke die Schüssel mit einem Küchenhandtuch ab und lass die Hefe 10 Minuten gehen.

2. Verteile das Salz und das Öl am Schüsselrand und verknete alle Zutaten in der Schüssel zu einem Teig. Decke die Schüssel mit einem Küchenhandtuch ab und lass den Hefeteig weitere 40 Minuten an einem warmen Ort ruhen.

3. Lege 2 Backbleche mit Backpapier aus und heize den Backofen auf 250°C Ober-/Unterhitze vor.

4. Knete den Hefeteig auf einer bemehlten Arbeitsfläche kurz durch, teile ihn in 6 gleichgroße Portionen und rolle diese mithilfe eines Nudelholzes zu länglichen Fladen aus. Lege diese auf die vorbereiteten Bleche und backe die Bleche anschließend einzeln je 5–8 Minuten bei 250°C Ober-/Unterhitze, bis die Fladenbrote goldbraun sind.

Tipp: Falls du kein Weizenmehl Type 00 zur Hand hast, kannst du es auch durch Weizenmehl Type 405 ersetzen. Einen unvergleichlichen Geschmack erhalten die Fladenbrote, wenn du sie auf einem Pizzastein backst!

Tipp: Die Burger Buns sind der perfekte Rahmen für Pulled Chicken (s. S. 44) oder Pulled Pork (s. S. 74). Du kannst den Sesam auch weglassen.

Burger Buns

Zeit: 10 Minuten plus 40 Minuten plus 20 Minuten

Utensilien: 2 Backbleche und -papiere

10 Stück

600 g Weizenmehl, Type 405 + zum Bemehlen
20 g Zucker
½ Würfel Frischhefe
125 ml handwarmes Wasser
50 g weiche Butter
1 TL Salz
1 Ei, Größe M
250 ml + 2 EL zimmerwarme Milch
1 Eigelb, Größe M
2 EL Sesam

1. Gib das Mehl in eine Schüssel und forme eine Mulde, in die du den Zucker gibst und die Hefe bröselst. Gieße das handwarme Wasser zu der Hefe in die Mulde. Decke die Schüssel mit einem Küchenhandtuch ab und lass die Hefe 10 Minuten gehen.

2. Verteile die weiche Butter, das Salz und das Ei am Schüsselrand und gieße die zimmerwarme Milch darüber. Verknete alle Zutaten in der Schüssel zu einem geschmeidigen Teig, decke die Schüssel mit einem Küchenhandtuch ab und lass den Hefeteig weitere 30 Minuten ruhen.

3. Lege 2 Backbleche mit Backpapier aus. Knete den Hefeteig auf einer bemehlten Arbeitsfläche kurz durch, teile ihn in 10 gleichgroße Portionen und forme diese zu flachen Burger Buns. Lege diese auf die vorbereiteten Bleche.

4. Verrühre 2 EL Milch und Eigelb miteinander, bestreiche die Brötchen damit und bestreue sie mit Sesam. Gib die Bleche in den kalten Backofen und backe sie 20 Minuten bei 175°C Umluft, bis die Burger Buns goldgelb sind.

BBQ-Sauce

Zeit: 1 Stunde

Utensilien: sterile Flasche à 750 ml

8–10 Portionen

1 l Cola
400 ml naturtrüber Apfelsaft
Saft und Abrieb von 1 unbehandelten Bio-Zitrone
70 ml Ketchup
20 g Honigsenf, z. B. von Maille®
15 ml Apfelessig
15 g Honig
10 ml Worcestershiresauce
2 EL Liquid Smoke, z. B. von Painmaker®
1 EL geräuchertes Paprikapulver
1 EL Kreuzkümmelpulver
1 EL Currypulver
1 TL Chilipulver
1 TL getrockneter Thymian

1. Gib Cola und Apfelsaft in einen Topf und lass sie bei mittlerer Hitze auf die Hälfte einköcheln.

2. Füge Zitronensaft und -abrieb, Ketchup, Honigsenf, Essig, Honig, Worcestershiresauce, Liquid Smoke, Paprika, Kreuzkümmel, Curry, Chili und Thymian hinzu und lass die Zutaten weitere 15 Minuten köcheln. Die Sauce sollte eine leicht dickflüssige Konsistenz haben, sie dickt beim Abkühlen noch weiter ein.

3. Fülle die BBQ-Sauce in eine sterile Flasche und verschließe sie. Die BBQ-Sauce ist mehrere Monate haltbar oder du bereitest dir einen leckeren Pulled Chicken (s. S. 44) oder Pulled Pork (s. S. 74) Burger damit zu.

SUPPEN

Zeit: 20 Minuten plus 4 Stunden

4 Portionen

1 rote Zwiebel
1 EL Olivenöl
800 g Rinderhackfleisch
1 EL Tomatenmark
½ TL Salz
¼ TL Pfeffer
800 ml Gemüsebrühe
120 ml Chilisauce, z. B. von Bamboo Garden®
250 g mildes Ajvar
200 g Kräuter-Schmelzkäse
100 g Crème fraîche
½ Bund Petersilie

4 Portionen | 4 h 20 Min. | leicht

Aromatische Ajvar-Suppe mit Hackfleisch

1. Schäle als Erstes die Zwiebel und schneide sie in kleine Würfel.

2. Erhitze nun das Öl in einer Pfanne auf dem Herd und brate das Hackfleisch darin krümelig an. Füge die Zwiebelwürfel hinzu und brate sie ebenfalls an. Gib das Tomatenmark hinzu und röste es kurz an, würze dann mit Salz und Pfeffer und lösche mit Brühe ab.

3. Fülle den Pfanneninhalt in den Slow-Cooker-Innentopf und gib Chilisauce, Ajvar, Schmelzkäse und 50 g Crème fraîche hinzu. Verrühre die Zutaten miteinander.

4. Setze den Deckel auf und gare die Suppe 3–4 Stunden HIGH.

5. Wasche gegen Ende der Garzeit die Petersilie, zupfe die Blätter ab und zerkleinere sie grob. Serviere die Ajvar-Suppe mit einem Klecks Crème fraîche und Petersilie. Dazu passt Fladenbrot (s. S. 10).

Tipp: Wie viel Schärfe möchtest du? Verwende eine milde oder eine scharfe Chilisauce, je nach Wunsch.

4–6 Portionen | 2,5–5 h 20 Min. | leicht

Käse-Lauch-Suppe

Zeit: 20 Minuten plus 2,5–5 Stunden
4–6 Portionen

2 Zwiebeln
3 Stangen Lauch
2 EL Rapsöl
500 g gemischtes Hackfleisch
½ TL Salz
¼ TL Pfeffer
1 l Gemüsebrühe
1 Bund Petersilie
100 g Sahne-Schmelzkäse
200 g Kräuter-Schmelzkäse
1 Prise Muskatpulver

1. Schäle als Erstes die Zwiebeln und schneide sie in Würfel. Entferne dann die Wurzelansätze und die äußeren Blätter von den Lauchstangen, wasche sie und schneide sie in Ringe. Erhitze 1 EL Öl in einer Pfanne auf dem Herd und dünste Zwiebelwürfel und Lauchringe darin glasig. Gib sie dann in den Slow-Cooker-Innentopf.

2. Erhitze den restlichen EL Öl in derselben Pfanne und brate das Hackfleisch darin krümelig. Würze es mit Salz und Pfeffer und gib es ebenfalls in den Slow Cooker.

3. Erhitze die Brühe in der Pfanne und gieße sie in den Slow Cooker.

4. Setze den Deckel auf und gare die Zutaten 2,5 Stunden HIGH oder 5 Stunden LOW.

5. Wasche gegen Ende der Garzeit die Petersilie, zupfe die Blätter ab und zerkleinere sie grob. Stelle den Slow Cooker auf Stufe HIGH und rühre beide Schmelzkäsesorten ein. Schmecke die Käse-Lauch-Suppe mit Muskat ab und bestreue sie mit Petersilie.

4 Portionen · 4,5 h 25 Min. · leicht

Kokos-Kohlrabi-Suppe mit Zitronengras

Zeit: 25 Minuten plus 4,5 Stunden

Utensilien: Mixstab

4 Portionen

2 Kohlrabi
1 Süßkartoffel
2 Möhren
4 Stängel Zitronengras
1 Zwiebel
2 Knoblauchzehen
3 cm frischer Ingwer
1 Chilischote
2 EL Kokosöl
2 TL Currypulver
2 TL Kurkumapulver
500 ml Gemüsebrühe
400 ml Kokosmilch
1 EL Limettensaft
2 EL Sojasauce
½ TL Salz
¼ TL Pfeffer

1. Schäle als Erstes Kohlrabi, Süßkartoffel und Möhren. Schneide Kohlrabi und Süßkartoffel in Würfel, Möhren in Scheiben. Entferne die äußeren Blätter und das harte Ende des Zitronengrases, schneide die Stängel in kleine Stücke.

2. Schäle dann Zwiebel, Knoblauch und Ingwer. Schneide Zwiebel und Ingwer in Würfel, Knoblauchzehen in Scheiben. Halbiere die Chilischote, entferne die Kerne und schneide die Schote in Stücke.

3. Erhitze das Öl in einer Pfanne auf dem Herd und brate die zerkleinerten Zwiebel-, Knoblauch-, Ingwer- und Chilistücke sowie Curry und Kurkuma darin einige Minuten an.

4. Füge Kohlrabi-, Süßkartoffel-, Möhren- und Zitronengrasstücke hinzu und dünste sie etwa 5 Minuten an. Fülle die Zutaten in den Slow-Cooker-Innentopf um und gieße die Brühe hinzu.

5. Setze den Deckel auf und gare die Suppe 4 Stunden LOW.

6. Püriere die Suppe mithilfe eines Mixstabes, rühre Kokosmilch unter und würze mit Limettensaft, Sojasauce, Salz und Pfeffer.

7. Setze den Deckel auf und gare die Suppe weitere 30 Minuten HIGH.

Tomaten-Paprika-Suppe mit Couscous

4 Portionen | 4 h 25 Min. | leicht

Zeit: 25 Minuten plus 4 Stunden
Utensilien: Mixstab
4 Portionen

1 Zwiebel
2 Knoblauchzehen
8 Tomaten
2 rote Paprika
50 g getrocknete Aprikosen
2 EL Olivenöl
800 ml Gemüsebrühe
170 g Couscous
200 ml Wasser
¼ Baguette
4 EL Crème fraîche
½ TL Salz
¼ TL Pfeffer
1 Zweig Estragon

1. Schäle als Erstes Zwiebel und 1 Knoblauchzehe, schneide die Zwiebel in Würfel und die Knoblauchzehe in Scheiben. Wasche die Tomaten, entferne das Innere und schneide das Fruchtfleisch in Würfel. Halbiere die Paprika, entferne Stielansatz und Kerne, wasche sie und schneide sie ebenfalls in Stücke. Schneide die Aprikosen in Würfel.

2. Erhitze 1 EL Öl in einer Pfanne auf dem Herd und dünste zunächst Zwiebelwürfel und die Hälfte der Knoblauchscheiben einige Minuten darin an. Füge dann Tomaten-, Paprika- und Aprikosenstücke hinzu und dünste sie etwa 5 Minuten an. Fülle das angedünstete Gemüse in den Slow-Cooker-Innentopf und gieße die Brühe hinzu.

3. Setze den Deckel auf und gare die Tomaten-Paprika-Suppe 3,5 Stunden LOW.

4. Erhitze gegen Ende der Garzeit 200 ml Wasser in einem Topf auf dem Herd und lass den Couscous nach Packungsanweisung darin ausquellen.

5. Schäle die restliche Knoblauchzehe und schneide sie in Scheiben. Schneide das Baguette in Würfel.

6. Erhitze das restliche Öl in einer Pfanne auf dem Herd und röste Knoblauchscheiben und Baguettewürfel darin an.

7. Gib 2 EL Crème fraîche zur Suppe und püriere sie mithilfe eines Mixstabes. Schmecke mit Salz und Pfeffer ab und rühre den Couscous unter. Serviere die Suppe mit einem Klecks Crème fraîche, gerösteten Baguettewürfeln und Estragonblättern.

4–6 Portionen

2,5–4,5 h
25 Min.

leicht

Tomaten-Kürbissuppe mit Croûtons

Zeit: 25 Minuten plus 2,5–4,5 Stunden

Utensilien: Rührgerät, Mixstab

4–6 Portionen

Für die Suppe:

1 kg Hokkaido-Kürbis
2 Zwiebeln
2 Knoblauchzehen
2 EL Olivenöl
1 TL Zucker
2 EL dunkler Aceto balsamico
½ TL Salz
¼ TL Pfeffer
1 Dose stückige Tomaten à 800 ml
Saft von 1 Orange
1 l Gemüsebrühe

Für die Croûtons:

2 Brötchen
2 EL Ahornsirup
2 EL Olivenöl
½ TL Kurkumapulver
100 ml Sahne
½ Bund Basilikum

1. Wasche als Erstes den Kürbis, viertele ihn, entferne die Kerne und schneide ihn in Stücke. Schäle dann Zwiebeln und Knoblauch, schneide die Zwiebel in Würfel und den Knoblauch in Scheiben.

2. Erhitze das Öl in einem Topf auf dem Herd und dünste Zwiebeln und Knoblauch darin glasig. Füge die Kürbisstücke hinzu und brate sie etwa 5 Minuten an. Würze mit Zucker, Aceto, Salz und Pfeffer. Fülle den Inhalt des Topfes in den Slow-Cooker-Innentopf, gib Tomaten, Orangensaft und Brühe hinzu und vermische die Zutaten.

3. Setze den Deckel auf und gare die Tomaten-Kürbissuppe 2,5 Stunden HIGH oder 4,5 Stunden LOW.

4. Zerpflücke gegen Ende der Garzeit die Brötchen oder schneide sie in Würfel, mische sie mit Ahornsirup, Öl und Kurkuma. Röste die gewürzten Brötchenstücke in einer Pfanne auf dem Herd an. Schlage die Sahne mithilfe eines Rührgerätes halbsteif und püriere die Suppe mithilfe eines Mixstabes. Serviere sie jeweils mit einigen Croûtons, einem Klecks Sahne und einigen Basilikumblättern.

Zeit: 20 Minuten plus 5–7 Stunden

6 Portionen

1 Zwiebel
2 Knoblauchzehen
125 g Champignons
1 große Möhre
1 EL Sonnenblumenöl
3 Hähnchenbrustfilets
3 TL rote Thai-Currypaste
1,2 l Hühnerbrühe
2 EL Sojasauce
1 EL Austernsauce
100 g Zuckererbsen
125 g Mais
je 2 Zweige Koriander und Basilikum

6 Portionen | 5–7 h 20 Min. | leicht

Thai-Hühnersuppe

1. Schäle als Erstes die Zwiebel und den Knoblauch, schneide die Zwiebel in Würfel und den Knoblauch in Scheiben. Putze Champignons und Möhre und schneide beides in Scheiben.

2. Erhitze das Öl in einer Pfanne auf dem Herd und brate die Hähnchenbrustfilets und die Zwiebelwürfel einige Minuten darin an. Füge die Knoblauchscheiben und die Currypaste hinzu und dünste beides kurz mit an. Fülle den Inhalt der Pfanne sowie die Champignon- und Möhrenscheiben in den Slow-Cooker-Innentopf.

3. Gib Brühe, Soja- und Austernsauce in die Pfanne, koche sie kurz auf und löse so den Bratensatz. Fülle die Sauce in den Slow-Cooker-Innentopf.

4. Setze den Deckel auf und gare den Inhalt 5–7 Stunden LOW.

5. Wasche die Zuckererbsen und schneide sie in mundgerechte Stücke. Nimm die Hähnchenbrustfilets aus der Suppe und füge die Zuckererbsenstücke sowie den Mais hinzu. Gare die Suppe weitere 15 Minuten HIGH.

6. Schneide die Hähnchenbrustfilets in mundgerechte Stücke. Wasche Koriander und Basilikum und zerkleinere die Kräuter. Gib beides mit den Hähnchenbruststücken zur Suppe und serviere sie.

Tipp: Austernsauce ist eine dickflüssige dunkelbraune Würzsauce der asiatischen Küche. Ursprünglich aus in Salzwasser fermentierten Austern hergestellt, ist sie heute meist eine Mischung aus Austernextrakt und Sojasauce, die vorher mit Salz, Knoblauch und Zwiebeln eingekocht wurde. Sie wird mit Maismehl angedickt und mit Zuckercouleur gefärbt.

6–8 Portionen · 4,5–8,5 h 15 Min. · leicht

Linsen-Möhrensuppe

Zeit: 15 Minuten plus 4,5–8,5 Stunden

6–8 Portionen

2 große Zwiebeln
2 Knoblauchzehen
3 große Möhren
1 EL Rapsöl
2 EL mildes Currypulver
400 g rote Linsen
1 Dose Tomaten à 800 ml
800 ml Gemüsebrühe
1 TL Zitronensaft
1 Chilischote
1 Dose Kokosmilch à 400 ml
½ TL Salz
¼ TL Pfeffer
4 Zweige Koriander oder Petersilie

1. Schäle als Erstes Zwiebeln, Knoblauch und Möhren. Schneide die Zwiebeln in Würfel und Knoblauch und Möhren in Scheiben. Erhitze Öl in einer Pfanne auf dem Herd und dünste Zwiebeln und Knoblauch einige Minuten darin an. Streue das Currypulver darüber und röste es kurz mit an. Fülle den Pfanneninhalt in den Slow-Cooker-Innentopf.

2. Füge Möhrenscheiben, Linsen, Tomaten, Brühe und Zitronensaft hinzu. Verrühre die Zutaten und zerdrücke die Tomaten dabei.

3. Setze den Deckel auf und gare die Linsen-Karotten-Suppe 4 Stunden HIGH oder 8 Stunden LOW.

4. Halbiere und entkerne die Chilischote etwa 30 Minuten vor Ende der Garzeit. Schneide sie in Ringe und rühre sie mit der Kokosmilch unter. Setze den Deckel auf und gare die Suppe die restlichen 30 Minuten HIGH.

5. Wasche Koriander oder Petersilie, zupfe die Blätter ab und zerkleinere sie. Schmecke die Linsen-Möhren-Suppe mit Salz und Pfeffer ab und garniere mit Koriander bzw. Petersilie.

4 Portionen | 3–6 h 20 Min. | leicht

Süßkartoffelsuppe mit Crunch

Zeit: 20 Minuten plus 3–6 Stunden

Utensilien: Mixstab

4 Portionen

Für die Suppe:

600 g Süßkartoffeln
100 g Sellerie
2 Äpfel, z. B. Elstar
150 g Möhren
150 g Lauch
1 EL Rapsöl
1,2 l Gemüsebrühe
200 ml Kokosmilch
3–4 Zweige Thymian
½ TL Kurkumapulver
1 Spritzer Zitronensaft
½ TL Salz
¼ TL Pfeffer
1 Prise Zucker

Für den Crunch:

1 EL Sesam
1 EL Walnusskerne
1 TL getrocknete Steinpilze
etwas Balsamico-Creme

1. Schäle als Erstes Süßkartoffeln, Sellerie, einen Apfel und Möhren. Schneide Süßkartoffeln und Sellerie in Würfel, viertele und entkerne den Apfel und schneide ihn und die Möhren in Scheiben. Entferne dann den Wurzelansatz und die äußeren Blätter vom Lauch, halbiere und wasche ihn und schneide ihn in Ringe.

2. Erhitze Öl in einer Pfanne auf dem Herd und dünste den zerkleinerten Sellerie, Apfel, Möhren und Lauch einige Minuten darin an. Gib die Zutaten in den Slow-Cooker-Innentopf, fülle auch Süßkartoffelwürfel, Brühe und Kokosmilch hinein und würze mit Thymianblättchen, Kurkuma, Zitronensaft, Salz, Pfeffer und Zucker.

3. Setze den Deckel auf und gare die Süßkartoffelsuppe 3 Stunden HIGH oder 6 Stunden LOW.

4. Bereite gegen Ende der Garzeit den Crunch zu. Röste dafür Sesam und Walnusskerne in einer Pfanne auf dem Herd ohne Fett an. Achte darauf, dass sie nicht zu dunkel werden. Zerbrösele die Steinpilze in einen Mörser, gib Sesam und Walnusskerne dazu und zerkleinere die Zutaten im Mörser. Alternativ kannst du den Crunch auch mit einem großen Messer fein hacken. Schäle den restlichen Apfel, viertele und entkerne ihn und schneide ihn in Würfel.

5. Püriere schließlich die Suppe mithilfe eines Mixstabes und schmecke sie ab. Serviere sie jeweils mit etwas Crunch, einigen Apfelwürfeln und etwas Balsamico-Creme.

Tipp : Statt der Äpfel kannst du alternativ auch zwei Nashi-Birnen verwenden.

6 Portionen | 4–8 h 20 Min. | leicht

Orientalische Linsensuppe

Zeit: 20 Minuten plus 4–8 Stunden

Utensilien: Mixstab

6 Portionen

2 Zwiebeln
1 Knoblauchzehe
2 Möhren
2 EL Olivenöl
100 g getrocknete Aprikosen
250 g rote Linsen
1 Dose stückige Tomaten à 425 ml
1,2 l Gemüsebrühe
1 TL rote Thai-Currypaste oder 1 Chilischote
1½ TL Kreuzkümmelpulver
1 TL Kurkumapulver
½ TL Salz
¼ TL Pfeffer
½ Bund glatte Petersilie
1–2 EL Zitronensaft
6 EL Vollmilch-Joghurt

1. Schäle als Erstes Zwiebeln, Knoblauch und Möhren und schneide sie in Würfel. Erhitze Öl in einem Topf auf dem Herd und dünste die Würfel darin glasig. Fülle sie anschließend in den Slow-Cooker-Innentopf.

2. Schneide auch die getrockneten Aprikosen in Würfel und füge sie zusammen mit den Linsen und den Tomaten hinzu.

3. Verrühre nun Brühe mit Currypaste, Kreuzkümmel und Kurkuma sowie Salz und Pfeffer. Achte beim Abschmecken darauf, dass die Brühe nicht zu würzig ist, denn der Geschmack wird beim Garen intensiver. Gieße die gewürzte Brühe schließlich über die Zutaten im Slow-Cooker-Innentopf.

4. Setze den Deckel auf und gare die Linsensuppe je nach Geschmack 3 Stunden HIGH, dann sind die Linsen al dente, oder 4 Stunden HIGH bzw. 8 Stunden LOW, dann zerfallen sie.

5. Wasche gegen Ende der Garzeit die Petersilie, zupfe die Blätter ab und zerkleinere sie grob. Wer die Suppe gerne sämig mag, kann diese mithilfe eines Mixstabes pürieren. Schmecke die Linsensuppe mit Zitronensaft ab und garniere sie mit jeweils einem Klecks Joghurt und Petersilie. Dazu passt Fladenbrot (s. S. 10).

HUHN

4 Portionen 7 h 25 Min. leicht

Zartes Butter-Hähnchen

Zeit: 25 Minuten plus 7 Stunden

4 Portionen

2 Zwiebeln
3 Knoblauchzehen
4 cm frischer Ingwer
1 rote Chilischote
1 TL Kreuzkümmelsamen
1 TL Fenchelsamen
4 Kardamomkapseln
1 TL edelsüßes Paprikapulver
1 TL Kurkumapulver
¼ TL Zimtpulver
4 Hähnchenbrustfilets oder Hähnchenschenkel
1 EL Sonnenblumenöl
25 g Butter
300 ml Hühnerbrühe
2 TL Zitronensaft
1 EL brauner Zucker
2 EL Tomatenmark
½ TL Salz
2 EL Mandelblättchen
5 EL Crème fraîche
2 Zweige Koriander

1. Schäle als Erstes Zwiebeln, Knoblauch und Ingwer und schneide sie in Würfel. Halbiere die Chilischote, entferne die Kerne und schneide auch sie in Würfel.

2. Zerkleinere Kreuzkümmel, Fenchel und Kardamom in einem Mörser und mische Paprika, Kurkuma und Zimt darunter.

3. Schneide die Hähnchenbrustfilets jeweils in 4 Stücke. Erhitze das Öl in einer Pfanne auf dem Herd und brate die Hähnchenbruststücke bzw. -schenkel darin von allen Seiten an. Lege sie dann in den Slow-Cooker-Innentopf.

4. Erhitze nun in derselben Pfanne die Butter und dünste die Mischung aus Schritt 1 darin an. Füge dann die Gewürzmischung aus Schritt 2, Brühe, Zitronensaft, Zucker und Tomatenmark hinzu und schmecke mit Salz ab. Gib die Sauce über die Hähnchenbruststücke.

5. Setze den Deckel auf und gare das Butter-Hähnchen 7 Stunden LOW.

6. Röste am Ende der Garzeit die Mandelblättchen in einer Pfanne auf dem Herd an. Wasche den Koriander, zupfe die Blätter ab und zerkleinere sie. Rühre die Crème fraîche unter das Butter-Hähnchen und garniere mit Mandelblättchen und Koriander. Dazu passt Reis oder Fladenbrot (s. S. 10).

Tipp: Der Italiener Alfredo di Lelio kreierte 1914 in seinem Restaurant in Rom die Alfredo-Sauce, die er sogar frisch am Tisch zubereitete. Sie ist heute besonders in Amerika beliebt.

4 Portionen | 4 h 25 Min. | leicht

Toskanisches Huhn Alfredo

Zeit: 25 Minuten plus 4 Stunden

4 Portionen

Für die Alfredo-Sauce:

2 Knoblauchzehen
60 g Butter
480 ml fettarme Milch
100 g frisch geriebener Parmesan
½ TL Salz
¼ TL Pfeffer

1. Schäle als Erstes den Knoblauch und zerkleinere ihn. Schmelze nun die Butter in einem Topf auf dem Herd, sie sollte nicht braun werden. Dünste darin den zerkleinerten Knoblauch kurz an.

2. Gieße dann die Milch langsam in den Topf, würze mit Salz und Pfeffer und bringe die Sauce unter Rühren zum Kochen. Lass sie bei kleiner Hitze 5 Minuten köcheln.

3. Nimm den Topf vom Herd und rühre den Parmesan unter, bis er sich vollständig mit den anderen Zutaten verbunden hat. Schmecke mit Salz und Pfeffer ab. Im Kühlschrank hält sich die Alfredo-Sauce 3–4 Tage.

Für das toskanische Huhn:

1 kg Hähnchenbrustfilets
1 TL Salz
½ TL Pfeffer
1 EL Butter
40 g sonnengetrocknete Tomaten
1 TL rote Pfefferkörner
Alfredo-Sauce (s. oben), oder 2 Gläser, gekauft
100 g frisch geriebener Parmesan
2 TL italienische Kräutermischung
100 g frischer Babyspinat

1. Würze die Hähnchenbrustfilets mit Salz und Pfeffer. Schmelze die Butter in einer Pfanne auf dem Herd und brate sie von allen Seiten an. Lege sie dann in den Slow-Cooker-Innentopf.

2. Schneide die Tomaten in Stücke, zerkleinere die roten Pfefferkörner in einem Mörser oder zerdrücke sie mit dem Messerrücken und verrühre beides in einer Schüssel mit Alfredo-Sauce, Parmesankäse und Kräutermischung. Gieße die Sauce über die Hähnchenbrustfilets.

3. Setze den Deckel auf und gare das toskanische Huhn 3–4 Stunden LOW.

4. Wasche den Spinat und schüttele ihn trocken. Gib ihn gegen Ende der Garzeit zum Huhn, rühre ihn unter und lass ihn ein paar Minuten ziehen. Dazu passen Nudeln, Kartoffeln, Reis oder einfach nur Baguette.

Zeit: 30 Minuten plus 4 Stunden

4 Portionen

1 Zwiebel
6 Knoblauchzehen
1 rote Paprika
2 EL Speisestärke
30 ml trockener Weißwein
2 EL Olivenöl
1 Zweig Oregano
¼ TL edelsüßes Paprikapulver
¼ TL Chiliflocken
½ TL Salz
¼ TL Pfeffer
150 ml Hühnerbrühe
2 Hähnchenbrustfilets
350 g Brokkoli
60 g frisch geriebener Parmesan

4 Portionen | 4 h 30 Min. | leicht

Hähnchen-Brokkoli-Sauce

1. Schäle als Erstes Zwiebel und Knoblauch, schneide die Zwiebel in Würfel und die Knoblauchzehen in Scheiben. Halbiere die Paprika, entferne Stielansatz und Kerne, wasche sie und schneide sie ebenfalls in Würfel. Rühre die Stärke mit dem Wein an.

2. Erhitze 1 El Öl in einer Pfanne auf dem Herd und dünste zerkleinerte Zwiebel und Knoblauch mit Oregano, Paprikapulver, Chiliflocken, Salz und Pfeffer kurz an. Füge die Paprikawürfel hinzu und lösche mit Brühe ab. Rühre die angerührte Stärke unter und lass sie aufkochen. Fülle den Pfanneninhalt schließlich in den Slow-Cooker-Innentopf und lege die Hähnchenbrustfilets darauf.

3. Setze den Deckel auf und gare die Zutaten 4 Stunden LOW.

4. Putze gegen Ende der Garzeit den Brokkoli, teile ihn in Röschen und wasche ihn. Gare ihn dann in einem Topf mit etwas Wasser auf dem Herd 5 Minuten bissfest.

5. Nimm die Hähnchenbrustfilets aus dem Slow Cooker und zerpflücke sie mit 2 Gabeln. Gib das Fleisch und die Brokkoliröschen in den Slow-Cooker-Innentopf, erhitze die Hähnchen-Brokkoli-Sauce weitere 5 Minuten HIGH.

6. Schmecke die Sauce mit dem restlichen EL Öl und Parmesan ab. Dazu passen Nudeln.

4 Portionen | 3,5–5,5 h 20 Min. | mittel

Pulled Chicken in Honig-Senf-Sauce

Zeit: 20 Minuten plus 3,5–5,5 Stunden

4 Portionen

2 große Zwiebeln
4 Hähnchenbrustfilets
250 ml Ketchup
2 EL Honigsenf, z. B. von Maille®
2 EL heller Aceto balsamico
150 ml Hühnerbrühe
1 TL Worcestershiresauce
½ TL Tabasco®
1 TL Knoblauchpulver
½ TL Salz
¼ TL Pfeffer
1 TL Honig

1. Schäle als Erstes die Zwiebeln und schneide sie in Ringe. Lege sie in den Slow-Cooker-Innentopf und verteile die Hähnchenbrustfilets darauf.

2. Verrühre Ketchup, Senf, Aceto, Brühe, Worcestershiresauce, Tabasco® und Knoblauchpulver mithilfe eines Schneebesens miteinander und gieße die Sauce gleichmäßig auf die Hähnchenbrustfilets.

3. Setze den Deckel auf und gare die Zutaten 3 Stunden HIGH oder 5 Stunden LOW.

4. Entnimm das Fleisch nach der Garzeit und zerpflücke es mit 2 Gabeln, gib es dann zurück in den Slow-Cooker-Innentopf und mische es mit der Sauce. Schmecke mit Salz, Pfeffer und Honig ab.

5. Setze den Deckel auf und gare das Pulled Chicken weitere 30 Minuten LOW.

Tipp: Einen leckeren Burger baust du dir aus dem Pulled Chicken, Burger Buns (s. S. 12), Krautsalat und Zaziki zusammen.

Für die Jerk-Marinade:

2 Zwiebeln
4 Knoblauchzehen
2 cm frischer Ingwer
3 getrocknete Chilischoten
100 ml Olivenöl
150 ml Sojasauce
100 ml Orangensaft
100 ml Weißweinessig

Saft von 1 Limette
1 TL Pimentkörner
1 TL Zucker
1 TL Zimtpulver
1 TL Muskatpulver
1 TL Thymian
1 TL schwarze Pfefferkörner
1 TL Meersalz

Schäle Zwiebeln, Knoblauch und Ingwer und schneide sie zusammen mit den Chilischoten in kleine Würfel. Verarbeite diese Zutaten mit allen übrigen Zutaten in einem Standmixer zu einer glatten Marinade. Im Kühlschrank hält sich die Marinade etwa 1 Woche.

6 Portionen | 10 h 25 Min. | leicht

Karibisches Hähnchen

Zeit: 25 Minuten plus 2 Stunden plus 8 Stunden
Utensilien: Standmixer
6 Portionen

6 Hähnchenschenkel
3 EL Jerk-Marinade (s. links)
2 große Zwiebeln
2 Knoblauchzehen
2 EL Sonnenblumenöl
400 ml Kokosmilch
300 ml Hühnerbrühe
½ TL Salz
¼ TL Pfeffer
400 g rote Kidneybohnen
200 g Langkornreis
125 g gefrorene Erbsen
2 Limetten
5 Zweige Koriander

1. Ziehe als Erstes die Haut von den Hähnchenschenkeln ab und reibe das Fleisch mit der Marinade ein. Lass die Hähnchenschenkel abgedeckt etwa 2 Stunden im Kühlschrank ziehen.

2. Schäle Zwiebeln und Knoblauch und schneide beides in Würfel. Erhitze 1 EL Öl in einer Pfanne auf dem Herd und brate die Hähnchenschenkel von beiden Seiten scharf an. Lege sie anschließend in den Slow-Cooker-Innentopf. Erhitze das restliche Öl in derselben Pfanne und dünste Zwiebel- und Knoblauchwürfel darin an. Füge Kokosmilch und Brühe hinzu und lass die Flüssigkeit kurz aufkochen. Würze mit Salz und Pfeffer und gieße die Sauce in den Slow Cooker. Füge Kidneybohnen hinzu und verrühre die Zutaten miteinander.

3. Setze den Deckel auf und gare das karibische Hähnchen 8 Stunden LOW.

4. Füge 45 Minuten vor Ende der Garzeit den Reis hinzu und rühre ihn unter.

5. Füge 15 Minuten vor Ende der Garzeit die Erbsen hinzu. Schneide die Limetten in Spalten, wasche den Koriander, zupfe die Blätter ab und zerkleinere sie. Garniere das karibische Hähnchen damit.

4 Portionen | 5 h 15 Min. | leicht

Chicken Teriyaki

Zeit: 15 Minuten plus 5 Stunden

4 Portionen

800 g Hähnchenbrustfilets
2 Zwiebeln
2 cm frischer Ingwer
2 Knoblauchzehen
100 ml Sojasauce
90 g Honig
20 ml Reisessig
¼ TL Pfeffer
3 TL Speisestärke
50 ml Wasser
3 Frühlingszwiebeln
30 g Sesam

1. Wasche als Erstes die Hähnchenbrustfilets und tupfe sie trocken. Lege sie in den Slow-Cooker-Innentopf.

2. Schäle Zwiebeln und Ingwer und schneide beides in Würfel. Schäle Knoblauch und schneide ihn in Scheiben. Gib die Zutaten in eine Schüssel und verrühre sie mit Sojasauce, Honig, Essig und Pfeffer. Gib die Würzmischung über die Hähnchenbrustfilets.

3. Setze den Deckel auf und gare das Chicken Teriyaki 5 Stunden LOW.

4. Nimm die Hähnchenbrustfilets nach der Garzeit heraus und zerzupfe sie mit 2 Gabeln. Fülle die Sauce in einen Topf um. Löse die Stärke im Wasser auf und dicke die Sauce damit an, indem du sie aufkochst. Mische das zerzupfte Hähnchenfleisch mit der angedickten Sauce.

5. Entferne den Wurzelansatz von den Frühlingszwiebeln, wasche sie und schneide sie in Röllchen. Garniere das Chicken Teriyaki mit Frühlingszwiebelröllchen und Sesam. Dazu passt Basmatireis.

Thailändisches Erdnuss-Huhn

4 Portionen | 5 h 20 Min. | leicht

1. Wasche als Erstes die Hähnchenbrustfilets, tupfe sie trocken und schneide sie in Würfel. Gib diese in den Slow-Cooker-Innentopf.

2. Entferne dann den Wurzelansatz von den Frühlingszwiebeln, wasche sie und schneide sie in Ringe. Schäle den Knoblauch und presse ihn durch eine Knoblauchpresse. Halbiere die Paprika, entferne Stielansatz und Kerne, wasche sie und schneide sie in Streifen. Füge das Gemüse in den Slow-Cooker-Innentopf hinzu.

3. Verrühre Erdnusscreme, Brühe, Soja- und Chilisauce, Honig, Zitronensaft, Kreuzkümmel, Ingwer, Salz und Pfeffer in einer Schüssel miteinander und gib die Sauce in den Slow-Cooker-Innentopf. Mische die Zutaten miteinander.

4. Setze den Deckel auf und gare das Erdnuss-Huhn zunächst 1 Stunde HIGH und anschließend 4 Stunden LOW. Zwischendurch immer wieder mal umrühren.

5. Schmecke das Gericht mit den Gewürzen ab und serviere Basmati- oder Jasminreis dazu.

Zeit: 20 Minuten plus 5 Stunden

4 Portionen

4 Hähnchenbrustfilets
1 Bund Frühlingszwiebeln
1 Knoblauchzehe
1 rote Paprika
150 g Erdnusscreme
125 ml Hühnerbrühe
3 EL Sojasauce
3 EL scharfe Chilisauce
3 EL Honig
Saft ½ Zitrone
¼ TL Kreuzkümmelpulver
1 TL Ingwerpulver
½ TL Salz
¼ TL Pfeffer

4 Portionen | 4–6,5 h 20 Min. | leicht

Sweet-Mango-Chicken

Zeit: 20 Minuten plus 4–6,5 Stunden

4 Portionen

800 g Hähnchenbrustfilets
1 TL Salz
½ TL Pfeffer
1 Zwiebel
2 Knoblauchzehen
1 frische Mango
2 Scheiben frische Ananas
2 EL Rapsöl
60 ml Hühnerbrühe
50 g brauner Zucker
25 ml Mangoessig von Hengstenberg®
½ TL Ingwerpulver
¼ TL Chiliflocken
70 g Honig
30 ml Sojasauce
1 rote Paprika
2–3 EL Speisestärke
50 ml Wasser
½ Bund Petersilie

1. Wasche als Erstes die Hähnchenbrustfilets, tupfe sie trocken und schneide sie in Streifen. Würze die Hähnchenbruststreifen mit Salz und Pfeffer.

2. Schäle Zwiebel und Knoblauch und schneide beides in Würfel. Schäle die Mango, entferne den Kern und schneide sie in Stücke. Schneide auch die Ananasscheiben in Stücke.

3. Erhitze Öl in einer Pfanne auf dem Herd und brate die Hähnchenbruststreifen darin an. Füge Zwiebel- und Knoblauchwürfel hinzu und dünste sie an. Gib den Pfanneninhalt zusammen mit den Mango- und Ananasstücken in den Slow-Cooker-Innentopf.

4. Erhitze Brühe, Zucker, Essig, Ingwer, Chili, Honig und Sojasauce in derselben Pfanne bis der Honig sich auflöst. Gieße die Sauce in den Slow Cooker und verrühre sie mit den übrigen Zutaten.

5. Setze den Deckel auf und gare das Sweet-Mango-Chicken 3 Stunden HIGH oder 5,5 Stunden LOW.

6. Halbiere gegen Ende der Garzeit die Paprika, entferne Stielansatz und Kerne und schneide sie in Streifen. Rühre die Stärke mit dem Wasser glatt. Nimm schließlich die Hähnchenbruststreifen aus dem Slow Cooker, füge die Paprikastreifen hinzu und rühre die angerührte Stärke unter.

7. Setze den Deckel auf und gare das Sweet-Mango-Chicken weitere 30–60 Minuten HIGH.

8. Wasche Petersilie gegen Ende der Garzeit, zupfe die Blätter ab und zerkleinere sie. Garniere das Sweet-Mango-Chicken damit und serviere Reis dazu.

RIND & HACK

4–6 Portionen | 4,5–8 h 25 Min. | leicht

Rinderrotweinbraten

Zeit: 25 Minuten plus 4,5–8 Stunden

4–6 Portionen

1,2 kg Rindfleisch vom Bug, Beinscheibe, Kamm oder Roastbeef
2 EL Honigsenf, z. B. von Maille®
1 TL Salz
½ TL Pfeffer
2 EL Rapsöl
2 große Zwiebeln
1 Knoblauchzehe
4 Möhren
1 Petersilienwurzel
2 getrocknete Tomaten
2 EL Tomatenmark
200 ml trockener Rotwein
300 ml Rinderbrühe
2 EL Worcestershiresauce
2–3 EL dunkler Saucenbinder
½ Bund Petersilie

1. Wasche als Erstes das Fleisch ab und tupfe es trocken. Reibe es dann rundum mit Honigsenf ein und würze es mit Salz und Pfeffer. Erhitze das Öl in einem Bräter auf dem Herd und brate das Fleisch rundherum scharf an. Lege es in den Slow-Cooker-Innentopf.

2. Schäle nun Zwiebeln, Knoblauch, Möhren und Petersilienwurzel. Schneide Zwiebeln, Petersilienwurzel und auch getrocknete Tomaten in Würfel, Knoblauch und Möhren in Scheiben. Brate die Gemüsestücke in demselben Bräter an, füge Tomatenmark hinzu und röste es an. Lösche mit Rotwein und Brühe ab, würze mit Worcestershiresauce und gib die Sauce in den Slow Cooker.

3. Setze den Deckel auf und gare den Braten 4,5 Stunden HIGH oder 8 Stunden LOW.

4. Entnimm nach der Garzeit das Fleisch aus dem Slow Cooker und halte es warm. Schöpfe dann zunächst die Sauce in einen Topf und dicke sie mit Saucenbinder an. Verrühre die angedickte Sauce mit der verbliebenen Flüssigkeit im Slow Cooker und schmecke sie mit Salz und Pfeffer ab. Wasche Petersilie, zupfe die Blätter ab und zerkleinere sie. Schneide das Fleisch in Scheiben und serviere es mit der Sauce. Garniere es außerdem mit der Petersilie. Dazu passen Klöße, Kartoffeln oder auch Kartoffelpüree.

6 Portionen | 4–5 h 25 Min. | mittel

Rindergulasch

Zeit: 25 Minuten plus 4–5 Stunden
6 Portionen

1 Zwiebel
1 Knoblauchzehe
1 rote Paprika
2 EL Olivenöl
50 g Schinkenspeckwürfel
2 EL Tomatenmark
400 ml Rinderbrühe
1 kg Rindergulasch, aus der Schulter oder dem Bug
½ TL Salz
¼ TL Pfeffer
½ TL edelsüßes Paprikapulver
½ TL getrockneter Rosmarin
1 TL getrockneter Thymian
100 ml Rotwein oder Gemüsebrühe
50 ml Sahne oder Cremefine
2–3 EL dunkler Saucenbinder

1. Schäle als Erstes Zwiebel und Knoblauch, schneide die Zwiebel in Würfel und presse den Knoblauch durch eine Knoblauchpresse. Halbiere die Paprika, entferne Stielansatz und Kerne, wasche sie und schneide sie in Würfel.

2. Erhitze 1 EL Öl in einem Bräter auf dem Herd. Brate die Speckwürfel darin an, dünste Zwiebel und Knoblauch ebenfalls an und füge auch die Paprikawürfel für einige Minuten hinzu. Röste dann das Tomatenmark an und lösche mit Rinderbrühe ab. Fülle die Zutaten in den Slow-Cooker-Innentopf.

3. Erhitze den restlichen EL Öl in demselben Bräter und brate das Gulasch von allen Seiten scharf an. Würze es mit Salz, Pfeffer, Paprika, Rosmarin und Thymian und lösche mit Rotwein ab. Fülle die Zutaten ebenfalls in den Slow Cooker.

4. Setze den Deckel auf und gare das Rindergulasch 4–5 Stunden HIGH.

5. Falls du möchtest, kannst du vor dem Servieren Sahne unterrühren und die Sauce mit Saucenbinder andicken. Dazu passen Kartoffeln oder Kartoffelpüree, Klöße, Nudeln oder auch Reis.

Sauerbraten

4–6 Portionen | 2 T 9 h 40 Min. | mittel

1. Bereite als Erstes die Beize zu. Schäle dafür 2 Zwiebeln und die Möhren und schneide beides in Würfel. Erhitze Rotwein, Essig, Wacholderbeeren, Lorbeerblätter, Nelken und Pimentkörner in einem Bräter auf dem Herd und gib das gewürfelte Gemüse hinzu. Köchele die Beize fünf Minuten und lass sie anschließend abkühlen.

2. Wasche das Fleisch, tupfe es trocken und lege es in die Beize. Stelle den verschlossenen Bräter nun für mindestens 2 Tage in den Kühlschrank.

3. Nimm nach der Ziehzeit das Fleisch aus der Beize, tupfe es trocken und lass es mindestens eine Stunde Zimmertemperatur annehmen. Gieße die Beize durch ein Sieb und fange die Flüssigkeit auf.

4. Schäle nun die restlichen 3 Zwiebeln und schneide sie in Würfel. Würze das Fleisch rundum mit Salz und Pfeffer. Erhitze das Butterschmalz in einem Bräter auf dem Herd und brate das Fleisch von allen Seiten an. Füge die Zwiebelwürfel hinzu und dünste sie mit an.

5. Fülle nun angebratenes Fleisch und Zwiebeln in den Slow-Cooker-Innentopf. Lösche den Bratensatz mit der aufgefangenen Beize ab, erhitze sie kurz und fülle sie ebenfalls in den Slow Cooker.

6. Setze den Deckel auf und gare den Sauerbraten 8 Stunden LOW.

7. Schneide den Sauerbraten in Scheiben und fülle die Sauce in einen Topf um. Rühre Rübenkraut unter die Sauce und schmecke sie mit Salz und Pfeffer ab. Nach Wunsch kannst du die Sauce noch mit Saucenbinder andicken. Dazu passen perfekt Klöße und Rot- oder Rosenkohl.

Tipp: Für einen Sauerbraten rheinischer Art gib 50 g Rosinen mit in die Sauce und dicke sie mit 2 Scheiben zerbröseltem Pumpernickel an.

Zeit: 20 Minuten plus 2 Tage Ziehzeit
dann 20 Minuten plus 9 Stunden
4–6 Portionen

Für die Beize:
5 Zwiebeln
2 Möhren
750 ml Rotwein
500 ml Himbeeressig
10 Wacholderbeeren
2 Lorbeerblätter
5 Nelken
5 Pimentkörner

1,2 kg Rindfleisch vom Bug
1 TL Salz
½ TL Pfeffer
3 EL Butterschmalz
2 EL Rübenkraut
2–3 EL dunkler Saucenbinder

6 Portionen | 4–7 h 20 Min. | leicht

Zwiebelrostbraten

Zeit: 20 Minuten plus 4–7 Stunden

6 Portionen

200 g rote Zwiebeln
1,5 kg Roastbeef
3 EL Honigsenf, z. B. von Maille®
1 TL Salz
½ TL Pfeffer
4 EL Rapsöl
1 EL Weizenmehl, Type 405
500 ml Rinderbrühe
200 g getrocknete Röstzwiebeln
2 EL Speisestärke
50 ml Wasser

1. Schäle als Erstes die Zwiebeln und schneide sie in Scheiben. Reibe das Fleisch rundherum mit Senf, Salz und Pfeffer ein.

2. Erhitze 2 EL Öl in einem Bräter auf dem Herd und brate das Fleisch von allen Seiten an. Lege es anschließend in den Slow-Cooker-Innentopf.

3. Erhitze die restlichen 2 EL Öl in demselben Bräter und brate die Zwiebelscheiben darin an. Bestäube sie mit Mehl und lösche mit Brühe ab. Gieße die Sauce in den Slow Cooker und streue etwa 100 g Röstzwiebeln darüber.

4. Setze den Deckel auf und gare den Zwiebelrostbraten 4 Stunden HIGH oder 7 Stunden LOW.

5. Rühre gegen Ende der Garzeit die Stärke mit dem Wasser glatt. Nimm das Fleisch aus dem Slow Cooker und schneide es in Scheiben. Fülle die Sauce in einen Topf um und dicke sie mit der angerührten Stärke an. Streue die restlichen 100 g Röstzwiebeln über den Braten und serviere die Sauce dazu. Dazu passen Bratkartoffeln, Spätzle, Reis und Gemüse oder ein grüner Salat.

4 Portionen | 5 h 20 Min. | leicht

Frikadellen mit Balkansauce

Zeit: 20 Minuten plus 5 Stunden
4 Portionen

Für die Frikadellen:

2 Zwiebeln
2 Knoblauchzehen
1 Bund Schnittlauch
800 g Rinderhackfleisch
60 g Paniermehl
2 Eier, Größe M
2 EL Senf
½ TL Salz
¼ TL Pfeffer
2 EL Rapsöl

Für die Balkansauce:

1 Dose passierte Tomaten à 800 ml
2 Zwiebeln
1 rote Paprika
1 gelbe Paprika
2 EL Rapsöl
1 EL Tomatenmark
2 EL brauner Zucker
2 TL Currypulver
2 TL edelsüßes Paprikapulver
1 Glas Puszta-Salat à 330 ml
200 ml Gemüsebrühe

1. Bereite als Erstes die Frikadellen zu. Schäle dafür Zwiebeln und Knoblauch, schneide die Zwiebeln in Würfel und presse die Knoblauchzehen durch eine Knoblauchpresse. Wasche den Schnittlauch und schneide ihn in Röllchen. Vermische diese Zutaten mit Hackfleisch, Paniermehl, Eiern, Senf, Salz und Pfeffer. Forme aus der Masse Bällchen in deiner Wunschgröße. Erhitze das Öl in einem Bräter auf dem Herd und brate die Bällchen darin knusprig an.

2. Bereite jetzt die Balkansauce zu. Gib dafür zunächst die passierten Tomaten in den Slow-Cooker-Innentopf und stelle ihn auf HIGH.

3. Schäle nun die Zwiebeln, halbiere sie und schneide sie in Streifen. Halbiere beide Paprika, entferne Stielansatz und Kerne, wasche sie und schneide sie ebenfalls in Streifen. Erhitze das Öl in demselben Bräter auf dem Herd und brate Zwiebel- und Paprikastreifen darin an. Füge Tomatenmark und Zucker hinzu und röste beides mit an. Würze mit Curry und Paprika, röste auch diese Gewürze kurz an und gib dann den Puszta-Salat mit dem Sud und die Brühe dazu. Vermische die Sauce mit den erwärmten passierten Tomaten im Slow Cooker. Verteile die angebratenen Frikadellen darauf.

4. Setze den Deckel auf und gare die Zutaten 1 Stunde HIGH und weitere 4 Stunden LOW.

5. Schmecke mit Salz, Pfeffer, Curry und Paprika ab. Dazu passen Reis, Pommes Frites oder einfach Baguette oder Brot.

4–6 Portionen

4 h 25 Min.

leicht

Paprikatopf mit Hack

Zeit: 25 Minuten plus 4 Stunden

4–6 Portionen

1 rote Paprika
1 gelbe Paprika
1 Zwiebel
1 Knoblauchzehe
2 EL Rapsöl
500 g Rinderhackfleisch
1 EL Tomatenmark
½ TL Salz
¼ TL Pfeffer
1 TL edelsüßes Paprikapulver
200 g Basmatireis
1 Dose stückige Tomaten à 400 ml
500 ml Gemüsebrühe
4 EL Crème fraîche
4 EL gehackte Kräuter

1. Halbiere als Erstes beide Paprika, entferne Stielansatz und Kerne, wasche sie und schneide sie in Würfel. Schäle Zwiebel und Knoblauch und schneide beides in Würfel.

2. Erhitze das Öl in einer Pfanne auf dem Herd und brate die Zwiebel- und Knoblauchwürfel mit dem Hackfleisch darin an. Röste das Tomatenmark mit an und fülle den Inhalt der Pfanne in den Slow-Cooker-Innentopf.

3. Füge Paprikawürfel, Reis und Tomaten hinzu, gieße Brühe an und würze mit Salz, Pfeffer und Paprika. Vermische die Zutaten miteinander.

4. Setze den Deckel auf und gare den Paprikatopf 4 Stunden HIGH oder 7 Stunden LOW.

5. Serviere den Paprikatopf jeweils mit einem Klecks Crème fraîche und gehackten Kräutern.

4–6 Portionen | 3–6 h 25 Min. | leicht

Kohl-Hackfleisch-Topf

Zeit: 25 Minuten plus 3–6 Stunden

4–6 Portionen

800 g Weißkohl
1 Zwiebel
750 g gemischtes Hackfleisch
Salz
Pfeffer
2 TL mittelscharfer Senf
1 TL edelsüßes Paprikapulver
4 EL Rapsöl
2 EL Tomatenmark
1 l Gemüsebrühe
2–3 EL heller Saucenbinder
1 Prise Zucker

1. Schneide als Erstes den Weißkohl in Viertel, entferne den Strunk und schneide die Viertel in feine Streifen.

2. Schäle die Zwiebel und schneide sie in Würfel. Vermische die Zwiebelwürfel mit Hackfleisch, Salz, Pfeffer, Senf und Paprika.

3. Erhitze 2 EL Öl in einem Topf auf dem Herd und dünste die Kohlstreifen darin an. Fülle sie in den Slow-Cooker-Innentopf.

4. Erhitze das restliche Öl in demselben Topf und brate das gewürzte Hackfleisch darin krümelig. Gib Tomatenmark hinzu und röste es an. Gib das angebratene Hackfleisch in den Slow Cooker und mische die Zutaten miteinander. Gieße die Brühe darüber.

5. Setze den Deckel auf und gare den Kohl-Hackfleisch-Topf 3 Stunden HIGH oder 6 Stunden LOW.

6. Schöpfe die Garflüssigkeit ab und gib sie in einen Topf. Dicke sie mit Saucenbinder an und schmecke sie mit Salz, Pfeffer und Zucker ab. Mische die angedickte Sauce wieder mit dem Kohl-Hackfleisch-Topf. Dazu passen Salzkartoffeln oder auch Reis.

4 Portionen | 6 h 30 Min. | leicht

Fleischbällchen in Senfsauce

Zeit: 30 Minuten plus 6 Stunden
4 Portionen

Für die Fleischbällchen:

1 Zwiebel
500 g gemischtes Hackfleisch
50 g Paniermehl
1 Eigelb, Größe M
½ TL Salz
¼ TL Pfeffer
1 EL Sonnenblumenöl

Für die Senfsauce:

1 Zwiebel
50 g Butter
40 g Weizenmehl, Type 405
600 ml Hühnerbrühe
3 TL Dijon-Senf
½ TL Kurkumapulver
½ TL Salz
¼ TL Pfeffer

1. Bereite als Erstes die Fleischbällchen zu. Schäle dafür die Zwiebel und schneide sie in Würfel. Vermische Zwiebelwürfel, Hackfleisch, Paniermehl, Eigelb, Salz und Pfeffer miteinander und forme 20 Bällchen daraus.

2. Erhitze das Öl in einer Pfanne auf dem Herd und brate die Fleischbällchen rundherum darin an. Lege sie in den Slow-Cooker-Innentopf und reinige die Pfanne.

3. Bereite nun die Senfsauce zu. Schäle dafür die Zwiebel und schneide sie in Würfel. Erhitze die Butter in der gereinigten Pfanne auf dem Herd und dünste die Zwiebelwürfel darin an. Stäube das Mehl darüber und schwitze es an. Lösche mit der Brühe ab und lass die Sauce unter Rühren aufkochen. Würze mit Senf, Kurkuma, Salz und Pfeffer und verteile die Sauce über den Fleischbällchen.

4. Setze den Deckel auf und gare die Fleischbällchen in der Senfsauce 6 Stunden LOW. Dazu passt Kartoffelpüree.

SCHWEIN

Tipp: Ein Rub ist eine trockene Gewürzmischung mit der Fleisch eingerieben (to rub – reiben) wird. Ein besonders intensives Gewürzaroma erreichst du, wenn du das marinierte Fleisch vor dem Garen noch etwa eine Stunde Zimmertemperatur annehmen lässt.

6–8 Portionen | 2 T 10 h 30 Min. | mittel

Pulled Pork

Zeit: 30 Minuten plus 2 Tage plus 10 Stunden

Utensilien: Mörser, Frischhaltefolie

6–8 Portionen

Für den Rub:

2 EL Kreuzkümmelsamen
1 EL Senfkörner
2 EL Koriandersamen
2 EL getrockneter Rosmarin
2 EL geräuchertes Paprikapulver
1 EL Knoblauchpulver
1 EL Zwiebelpulver
1 EL Curry Madras, z. B. von Just Spices®
1 EL Cayennepfeffer
½ EL Zimtpulver
3 EL Salz
3 EL brauner Zucker

1,2 kg Schweinefleisch, Schulter oder Nacken
4 EL Honigsenf, z. B. von Maille®
200 ml Ananassaft
200 ml Gemüsebrühe
3 EL brauner Zucker

1. Stelle als Erstes den Rub her. Röste dafür Kreuzkümmel, Senfkörner, Koriandersamen, Rosmarin, Paprika, Knoblauch und Zwiebelpulver sowie Curry, Cayennepfeffer, Zimt, Salz und Zucker in einer Pfanne auf dem Herd an. Rühre dabei ständig um, damit die Gewürze nicht verbrennen. Fülle sie anschließend in einen Mörser und zerreibe sie.

2. Streiche das Schweinefleisch rundherum mit dem Senf ein und wälze es im Rub. Es sollte von allen Seiten mit dem Rub bedeckt sein. Wickele es in Frischhaltefolie und lass es 2 Tage im Kühlschrank marinieren.

3. Wickele das Fleisch aus und lege es in den Slow-Cooker-Innentopf. Mische Ananassaft, Brühe und Zucker miteinander und gieße die Mischung zum Fleisch.

4. Setze den Deckel auf und gare das Fleisch 5 Stunden HIGH oder 10 Stunden LOW.

5. Entnimm das Fleisch nach der Garzeit und lass es etwas abkühlen. Schöpfe das Fett von der Sauce und schmecke sie mit Salz und Pfeffer ab. Zupfe das Fleisch mit 2 Gabeln auseinander und mische es mit der Sauce. Es ist im Kühlschrank 3 Tage haltbar und du kannst dir die leckersten Burger damit bauen (Burger Buns s. S. 12).

4 Portionen

6 h 25 Min.

leicht

Schweinefilet in Lauch-Sahnesauce

Zeit: 25 Minuten plus 6 Stunden

4 Portionen

500 g Champignons
500 g Lauch
400 g Schweinefilet
1 TL Salz
½ TL Pfeffer
2 EL Rapsöl
125 ml Gemüsebrühe
300 ml Schlagsahne

1. Putze als Erstes die Champignons und halbiere sie. Entferne den Wurzelansatz und die äußeren Blätter vom Lauch, wasche ihn und schneide ihn in Ringe. Würze das Schweinefilet mit Salz und Pfeffer.

2. Erhitze 1 EL Öl in einem Bräter auf dem Herd und brate das Schweinefilet rundherum darin an. Lege das Schweinefilet in den Slow-Cooker-Innentopf.

3. Erhitze den restlichen EL Öl in demselben Bräter und brate halbierte Champignons und Lauchringe einige Minuten darin an. Fülle sie zum Schweinefilet.

4. Lösche den Bratensatz mit Brühe und Sahne ab und gib ihn in den Slow-Cooker-Innentopf.

5. Setze den Deckel auf und gare die Zutaten 6 Stunden LOW.

6. Entnimm das Schweinefilet nach der Garzeit und schmecke die Sauce mit Salz und Pfeffer ab. Dazu passen Bratkartoffeln oder Reis.

Zeit: 20 Minuten plus 5 Stunden

4 Portionen

800 g Schweinefilet
1 TL Salz
½ TL Pfeffer
12 Scheiben Schinkenspeck
2 EL Olivenöl
3 Schalotten
2 Knoblauchzehen
50 g Tomatenmark
1 Dose Kirschtomaten à 425 ml
200 ml Sahne
1 Prise Zucker
1 EL italienische Kräutermischung

4 Portionen | 5 h 20 Min. | leicht

Schweinemedaillons toskanischer Art

1. Schneide als Erstes das Schweinefilet in 2 cm breite Medaillons. Würze diese mit Salz und Pfeffer und umwickle sie mit je einer Scheibe Schinkenspeck.

2. Erhitze 1 EL Öl in einer Pfanne auf dem Herd und brate die Medaillons darin kurz von beiden Seiten an. Lege sie dann in den Slow-Cooker-Innentopf.

3. Schäle Schalotten und Knoblauch, schneide die Schalotten in Würfel und den Knoblauch in Scheiben. Erhitze den restlichen EL Öl in derselben Pfanne und dünste beides darin an. Füge das Tomatenmark hinzu und röste es kurz an. Gib dann Tomaten, Sahne, Zucker und Kräutermischung hinzu und lass die Sauce 5 Minuten köcheln. Schmecke kräftig mit Salz und Pfeffer ab und verteile die Sauce über den Medaillons.

4. Lege den Deckel auf und gare die Medaillons 1 Stunde HIGH und dann weitere 4 Stunden LOW. Dazu passen Nudeln, Gnocchi oder einfach nur Baguette und ein Salat.

Tipp: Probiere auch einmal bunten Pfeffer, z. B. von Hartkorn®, aus. Das ist eine aromatische Mischung aus schwarzem, weißem und grünem Pfeffer mit rosa Beeren.

Zwiebel-Sahne-Geschnetzeltes

4–6 Portionen | 8 h 20 Min. | leicht

Zeit: 20 Minuten plus 8 Stunden

4–6 Portionen

800 g Schweineschnitzel
400 g rote Zwiebeln
400 g weiße Zwiebeln
800 g Kohlrabi
20 g Butterschmalz
150 g magere Schinkenwürfel
2 EL Zwiebelgranulat
2 EL getrockneter Thymian
700 ml Gemüse- oder Fleischbrühe
300 ml Sahne
½ TL Salz
¼ TL Pfeffer

1. Schneide als Erstes das Schnitzelfleisch in Streifen. Schäle dann die Zwiebeln, halbiere sie und schneide sie in Streifen. Schäle die Kohlrabi und schneide sie in Stücke.

2. Erhitze das Butterschmalz in einer Pfanne auf dem Herd und brate das Geschnetzelte darin kurz und scharf an. Würze es mit Salz und Pfeffer und fülle es in den Slow-Cooker-Innentopf. Um. Brate Zwiebelstreifen und Schinkenwürfel in derselben Pfanne einige Minuten an und fülle sie dann ebenfalls in den Slow-Cooker-Innentopf.

3. Gib die Kohlrabistücke dazu und würze mit Zwiebelgranulat und Thymian. Vermische die Zutaten miteinander und gieße die Brühe darüber.

4. Setze den Deckel auf und gare das Geschnetzelte 8 Stunden LOW. Rühre zwischendurch um, damit alle Zutaten in der Flüssigkeit garen können.

5. Rühre vor dem Servieren die Sahne unter und schmecke mit Salz und Pfeffer ab. Dazu passen Kartoffeln, Reis, Nudeln oder Baguette und ein Salat.

4 Portionen

4,5–8 h
20 Min.

leicht

Kassler-Möhren-Mix

Zeit: 20 Minuten
plus 4,5–8 Stunden
4 Portionen

500 g vorwiegend festkochende Kartoffeln
500 g Möhren
½ TL Salz
¼ TL Pfeffer
300 ml Gemüsebrühe
4 Mettenden
4 Scheiben Kassler-Lachs
1 Bund glatte Petersilie
20 g Butter

1. Schäle als Erstes Kartoffeln und Möhren. Schneide die Kartoffeln in Würfel und die Möhren in Scheiben. Gib beides in den Slow-Cooker-Innentopf, würze mit Salz und Pfeffer und gieße die Brühe darüber. Vermische die Zutaten miteinander.

2. Schneide dann die Mettenden in Scheiben und den Kassler-Lachs in Würfel. Verteile beides auf dem Kartoffel-Möhren-Gemüse.

3. Setze den Deckel auf und gare den Kassler-Möhren-Mix 4,5 Stunden HIGH oder 8 Stunden LOW.

4. Wasche gegen Ende der Garzeit die Petersilie, zupfe die Blätter ab und zerkleinere sie. Rühre vor dem Servieren die Butter unter den Kassler-Möhren-Mix und garniere ihn mit Petersilie.

Rauchfleisch mit Sauerkraut

6 Portionen · 7 h 15 Min. · leicht

Zeit: 15 Minuten plus 7 Stunden
6 Portionen

2 Scheiben Ananas
1 Dose Sauerkraut à 800 ml
125 ml Gemüsebrühe
1,3–1,5 kg Rauchfleisch, z. B. Schinkenkrustenbraten

1. Schneide als Erstes die Ananasscheiben in Stücke und gib sie mit Sauerkraut und Brühe in den Slow-Cooker-Innentopf. Mische die Zutaten miteinander und lege das Rauchfleisch darauf.

2. Setze den Deckel auf und gare die Zutaten 7 Stunden LOW. Dazu passt Kartoffelpüree.

4 Portionen | 4 h 25 Min. | leicht

Wirsingtopf mit Bacon

Zeit: 25 Minuten plus 4 Stunden

4 Portionen

300 g Wirsing
1 Zwiebel
2 Stangen Staudensellerie
50 g getrocknete Tomaten in Öl
100 g Baconscheiben
2 EL Rapsöl
125 g Graupen aus Gerste oder Weizen
2 Lorbeerblätter
2 TL Majoran
1 l Gemüsebrühe
50 g frisch geriebener Parmesan
½ TL Salz
¼ TL Pfeffer

1. Putze als Erstes den Wirsing, schneide ihn in Viertel, entferne den Strunk und schneide ihn in etwa 3 cm große Stücke. Schäle die Zwiebel und schneide sie in Würfel. Putze den Sellerie und schneide ihn in etwa 1 cm breite Stücke. Schneide die Tomaten in kleine Stücke.

2. Schneide nun den Bacon in etwa 2 cm breite Streifen und brate sie in einem Bräter auf dem Herd knusprig. Lass sie auf einem Küchenpapier abtropfen.

3. Gib das Öl zu dem Baconfett im Bräter und dünste zerkleinerten Wirsing, Zwiebel und Sellerie darin an. Füge die Graupen hinzu und dünste sie ebenfalls einige Minuten an. Fülle die Zutaten in den Slow-Cooker-Innentopf und füge die Tomatenstücke, Lorbeerblätter und Majoran hinzu. Gieße die Brühe an und vermische die Zutaten miteinander.

4. Setze den Deckel auf und gare den Wirsingtopf zunächst 1 Stunde HIGH und dann weitere 3 Stunden LOW.

5. Reibe gegen Ende der Garzeit den Parmesan, schmecke mit Salz und Pfeffer ab und serviere den Wirsingtopf mit Parmesan und Baconstücken.

FISCH & VEGETARISCH

4 Portionen | 2 h 20 Min. | leicht

Lachsfilets in Limetten-Orangensauce

Zeit: 20 Minuten plus 2 Stunden

Utensilien: Mixstab

4 Portionen

4 gefrorene Lachsfilets
1 TL Salz
½ TL Pfeffer
2 Knoblauchzehen
1 cm frischer Ingwer
4 EL Sojasauce
100 ml Ahornsirup
2 EL Limetten- oder Zitronensaft
Saft von 1 Orange
1–2 EL heller Saucenbinder

1. Würze die Lachsfilets mit Salz und Pfeffer und lege sie in den Slow-Cooker-Innentopf.

2. Schäle die Knoblauchzehen und presse sie durch eine Knoblauchpresse. Schäle das Ingwerstück und schneide es in kleine Würfel. Verrühre beides mit Sojasauce, Ahornsirup, Limetten- und Orangensaft und gieße die Sauce über die Lachsfilets.

3. Setze den Deckel auf und gare die Lachsfilets 2 Stunden HIGH. Aufgetaute Lachsfilets brauchen nur 1–1,5 Stunden HIGH.

4. Entnimm die Lachsfilets – das Fleisch sollte sich leicht mit einer Gabel zerteilen lassen – und stelle sie warm. Fülle die Sauce in einen Topf um und dicke sie mit Saucenbinder an. Besonders cremig wird die Sauce, wenn du sie mithilfe eines Mixstabes aufschäumst.

4 Portionen | 3,5–7 h 25 Min. | leicht

Gemüsebolognese

Zeit: 25 Minuten plus 3,5–7 Stunden
4 Portionen

2 Zwiebeln
1 Knoblauchzehe
200 g Möhren
150 g Lauch
100 g Staudensellerie
1 rote Paprika
1 Zucchini
2 EL Olivenöl
1 Dose passierte Tomaten à 800 ml
3 EL Tomatenmark
½ TL Salz
¼ TL Pfeffer
1 Prise Zucker
1 TL getrockneter Oregano
3 Zweige Basilikum
100 g frisch geriebener Parmesan

1. Bereite als Erstes das Gemüse vor. Schäle dafür Zwiebeln, Knoblauch und Möhren. Schneide sie in kleine Würfel bzw. presse den Knoblauch durch eine Knoblauchpresse. Entferne den Wurzelansatz und die äußeren Blätter vom Lauch, wasche ihn und schneide ihn in Ringe. Wasche den Sellerie und schneide ihn in Stücke. Halbiere die Paprika, entferne Stielansatz und Kerne, wasche sie und schneide sie in Würfel. Wasche die Zucchini und schneide sie in Scheiben.

2. Erhitze Öl in einer Pfanne auf dem Herd und dünste Zwiebel-, Knoblauch- und Möhrenwürfel darin an. Fülle die Zutaten zusammen mit dem restlichen zerkleinerten Gemüse in den Slow-Cooker-Innentopf.

3. Gib nun passierte Tomaten, Tomatenmark, Salz, Pfeffer, Zucker und Oregano in die Pfanne und koche den Bratensatz los. Gieße die Sauce in den Slow Cooker und mische alle Zutaten miteinander.

4. Setze den Deckel auf und gare die Gemüsebolognese 3,5 Stunden HIGH oder 7 Stunden LOW.

5. Garniere die Gemüsebolognese mit Basilkumblättern und frisch geriebenem Parmesan. Dazu passen Nudeln.

Tipp: Probiere statt Parmesan auch einmal Schafskäse dazu!

6–8 Portionen | 8 h 25 Min. | leicht

Pilzbolognese

Zeit: 25 Minuten plus 8 Stunden
Utensilien: Mixstab
6–8 Portionen

1 kg Champignons
1 Zwiebel
3 Knoblauchzehen
1 Möhre
15 g getrocknete Steinpilze
2 TL Olivenöl
½ TL Salz
¼ TL Pfeffer
2 EL Tomatenmark
1 TL Zucker
80 ml trockener Rotwein
1 Dose stückige Tomaten à 400 ml
1 EL frischer Oregano
1 Lorbeerblatt
1 Bund Frühlingszwiebeln
100 g frisch geriebener Parmesan
30 ml Sahne
1 TL Zitronensaft

1. Putze als Erstes die Champignons und schneide sie in Viertel. Schäle Zwiebel, Knoblauch und Möhre und schneide sie in Würfel. Zerkleinere auch die Steinpilze und mische diese Zutaten miteinander.

2. Erhitze das Öl in einem Bräter auf dem Herd und brate die Gemüsemischung darin an. Würze sie mit Salz, Pfeffer, Tomatenmark und Zucker und dünste sie weiter, bis das Gemüse trocken und gebräunt ist. Lösche mit Rotwein ab und fülle den Inhalt des Bräters in den Slow-Cooker-Innentopf. Füge Tomaten, Oregano und Lorbeerblatt hinzu und vermische die Zutaten miteinander.

3. Setze den Deckel auf und gare die Pilz-Bolognese 4–5 Stunden HIGH oder 7–8 Stunden LOW.

4. Putze kurz vor Ende der Garzeit die Frühlingszwiebeln und schneide sie in Ringe. Reibe den Parmesankäse. Entferne schließlich das Lorbeerblatt, füge Sahne und Zitronensaft zur Pilzbolognese hinzu und schmecke sie mit Salz und Pfeffer ab. Serviere sie mit Frühlingszwiebelringen und geriebenem Parmesan. Dazu passen Nudeln.

Tipp: Du kannst die zerkleinerten Steinpilze auch am Vorabend in etwas Wasser einweichen. Gieße dann das Einweichwasser durch einen Filter und gib es ebenfalls in den Slow-Cooker-Innentopf.

Zeit: 25 Minuten plus 4 Stunden

4 Portionen

750 g Tomaten
1 Knoblauchzehe
2 Töpfe Basilikum
1 Bund Thymian
2 Auberginen
500 g Zucchini
1 gelbe Paprikaschote
1 rote Paprikaschote
3 Zwiebeln
150 ml Olivenöl
½ TL Salz
¼ TL Pfeffer
1 EL dunkle Balsamicocreme

4 Portionen | 4 h 25 Min. | leicht

Ratatouille

1. Häute als Erstes die Tomaten. Bringe dafür ausreichend Wasser in einem großen Topf auf dem Herd zum Kochen. Ritze die Tomaten kreuzweise ein und lege sie für 1 Minute in das kochende Wasser. Ziehe dann die Haut ab, viertele sie, entferne den Stielansatz und die Kerne.

2. Schäle dann die Knoblauchzehe und schneide sie in Scheiben. Zupfe die Basilikum- und die Thymianblätter ab und mische sie mit den Knoblauchscheiben.

3. Wasche Auberginen und Zucchini, entferne jeweils den Stielansatz und schneide sie je nach Größe in ganze oder halbe Scheiben. Halbiere beide Paprika, entferne Stielansatz und Kerne, wasche sie und schneide sie in Würfel. Schäle die Zwiebeln und schneide sie in Ringe.

4. Erhitze 100 ml Öl in einer großen Pfanne auf dem Herd und brate die Auberginenscheiben darin von beiden Seiten an. Lege sie anschließend zum Abtropfen auf Küchenpapier.

5. Brate in derselben Pfanne mit dem restlichen Öl Zucchini, Paprika und Zwiebeln an und fülle das Gemüse anschließend mit den Auberginenscheiben und den Tomatenvierteln in den Slow-Cooker-Innentopf. Würze mit Salz und Pfeffer und hebe die Kräuter-Knoblauch-Mischung aus Punkt 2 unter.

6. Setze den Deckel auf und gare das Ratatouille 4 Stunden LOW.

7. Schmecke das Ratatouille mit Salz, Pfeffer und Balsamicocreme ab. Es passt hervorragend zu Lammkoteletts und frischem Baguette.

Tipp: Du kannst auch eine Ratatouillesuppe daraus machen, gare das Gemüse dafür einfach in 1 Liter Gemüsebrühe und serviere kleingeschnittene Landjägerwürstchen dazu.

4 Portionen | 1 h 45 Min. | leicht

Gebackener Brie mit Feigen, Walnüssen und Kräutern

Zeit: 15 Minuten plus 1,5 Stunden

4 Portionen

2 EL Olivenöl
750 g Brie
60 g getrocknete Feigen
2 Zweige Thymian
¼ TL Pfeffer
70 g Walnusskerne
1 Bund Schnittlauch
2 EL Honig

1. Bedecke als Erstes den Boden des Slow-Cooker-Innentopfes mit dem Öl. Entferne dann die Rinde vom Brie und schneide ihn in Würfel, halbiere die Feigen und hacke die Thymianblätter klein. Verteile diese Zutaten im Slow Cooker und würze sie mit Pfeffer.

2. Setze den Deckel auf und backe den Brie 1,5 Stunden LOW.

3. Hacke gegen Ende der Garzeit die Walnusskerne und röste sie in einer Pfanne auf dem Herd ohne Fett an. Wasche den Schnittlauch, schüttele ihn trocken und schneide ihn in Röllchen.

4. Verteile den Honig auf dem gebackenen Brie und garniere ihn mit den gerösteten Walnusskernen und den Schnittlauchröllchen. Dazu passt Baguette oder frisches Brot.

4 Portionen | 6 h 25 Min. | leicht

Gefüllte Auberginen mit Tomaten und Pinienkernen

Zeit: 25 Minuten plus 6 Stunden

4 Portionen

20 g Pinienkerne
1 Zwiebel
3 Knoblauchzehen
2 EL Olivenöl
½ TL getrockneter Oregano
¼ TL Zimtpulver
⅛ TL Cayennepfeffer
1 EL heller Aceto balsamico
1 Dose stückige Tomaten à 400 ml
100 g frisch geriebener Parmesan
2 große Auberginen
½ TL Salz
¼ TL Pfeffer
2 Frühlingszwiebeln

1. Röste als Erstes die Pinienkerne in einer Pfanne auf dem Herd ohne Fett an. Fülle sie anschließend in den Slow-Cooker-Innentopf.

2. Schäle dann Zwiebel und Knoblauch und schneide beides in Würfel. Erhitze 1 EL Öl in einer Pfanne auf dem Herd und dünste die Zwiebel- und Knoblauchwürfel sowie Oregano, Zimt und Cayennepfeffer darin an. Lösche mit Aceto und Tomaten ab, füge 60 g Parmesan hinzu und gib die Mischung zu den Pinienkernen in den Slow-Cooker-Innentopf.

3. Wasche die Auberginen, trockne sie ab und entferne den Stielansatz. Halbiere die Auberginen, würze sie mit Salz und Pfeffer und lege sie mit der Schnittseite nach unten auf die Tomatenmischung im Slow-Cooker-Innentopf.

4. Setze den Deckel auf und gare die Zutaten 3–4 Stunden HIGH oder 6 Stunden LOW.

5. Wasche gegen Ende der Garzeit die Frühlingszwiebeln, schneide den Wurzelansatz ab und schneide sie in Ringe.

6. Entnimm dann die Auberginenhälften, stich die Schnittseite mit einer Gabel mehrfach ein und schiebe das Fruchtfleisch mithilfe eines Löffels zur Seite, um Platz für die Füllung zu schaffen.

7. Verrühre die Tomatenmischung mit dem restlichen EL Öl, schmecke sie mit Salz und Pfeffer ab und verteile sie gleichmäßig in den Vertiefungen der Auberginenhälften. Bestreue sie mit dem restlichen Parmesan und den Frühlingszwiebelringen. Dazu passen Kartoffeln, Reis oder Baguette.

4 Portionen 5 h 30 Min. leicht

Cannelloni in Gemüsesauce

Zeit: 30 Minuten plus 5 Stunden
4 Portionen

1 Zwiebel
2 Möhren
1 kleines Stück Sellerie
1 Stange Lauch
4 EL Olivenöl
½ TL Salz
¼ TL Pfeffer
1 TL getrockneter Oregano
½ TL scharfes Paprikapulver
1 Prise Zucker
1 EL Tomatenmark
2 Dosen stückige Tomaten à 425 ml
100 ml Wasser
10 Cannelloni
100 g Crème fraîche
125 g Mozzarella
80 g frisch geriebener Parmesan
3 Zweige Basilikum

1. Schäle als Erstes Zwiebel, Möhren und Sellerie und schneide diese in Würfel. Entferne den Wurzelansatz vom Lauch, wasche ihn gründlich und schneide ihn in Ringe.

2. Erhitze das Öl in einer großen Pfanne auf dem Herd und dünste das zerkleinerte Gemüse darin an. Würze es mit Salz, Pfeffer, Oregano, Paprika und Zucker und röste das Tomatenmark mit an. Lösche dann mit Tomaten und Wasser ab, lass die Sauce 10 Minuten köcheln und fülle sie anschließend in den Slow-Cooker-Innentopf.

3. Verteile die Cannelloni auf der Sauce und drücke sie tief hinein, so dass sie komplett in der Sauce liegen. Bestreiche sie mit Crème fraîche, schneide den Mozzarella in Scheiben und verteile diese darüber. Streue schließlich den Parmesan auf die Mozzarellascheiben.

4. Setze den Deckel auf und gare die Cannelloni 5 Stunden LOW.

5. Bestreue die gefüllten Cannelloni mit Basilikumblättern.

Tipp: Du kannst natürlich auch frischen Oregano verwenden. Besonders aromatisch schmeckt Büffelmozzarella.

Zeit: 30 Minuten plus 6 Stunden

Utensilien: Küchengarn

4 Portionen

8 große Weißkohlblätter
1 Zwiebel
1 Knoblauchzehe
6 EL Olivenöl
150 g Bulgur
600 ml Gemüsebrühe
150 g geröstete und gehäutete Paprikaschoten aus dem Glas

100 g Feta
100 g Doppelrahmfrischkäse
2 Eier, Größe M
2 TL getrockneter Oregano
½ TL Salz
¼ TL Pfeffer
50 ml Sahne
3 EL heller Saucenbinder

4 Portionen

6 h 30 Min.

leicht

Kohlrouladen mit Bulgur

1. Wasche als Erstes die Weißkohlblätter. Erhitze reichlich Salzwasser in einem Topf auf dem Herd und blanchiere die Blätter darin 3 Minuten. Schrecke sie mit eiskaltem Wasser ab, lass sie abtropfen und tupfe sie trocken.

2. Schäle Zwiebel und Knoblauch und schneide beides in Würfel. Erhitze 2 EL Öl in einer Pfanne auf dem Herd und dünste die Zwiebel- und Knoblauchwürfel darin an. Streue den Bulgur darüber und dünste ihn einige Minuten an. Lösche mit 300 ml Brühe ab und lass ihn 10 Minuten köcheln.

3. Tupfe in der Zwischenzeit die Paprika trocken und schneide sie in Würfel, zerbrösele den Feta grob mit den Händen. Gib beides zusammen mit Frischkäse, Eiern, Oregano, Salz und Pfeffer zum Bulgur und vermische die Zutaten gleichmäßig. Verteile je 2–3 EL der Masse auf einem vorbereiteten Kohlblatt, klappe die Seitenränder über die Füllung und rolle das Blatt vom Strunkende zum oberen Blattrand zusammen. Verschnüre es mit einem Stück Küchengarn.

4. Erhitze die restlichen 4 EL Öl in einer Pfanne auf dem Herd und brate die gefüllten Kohlrouladen rundherum darin an. Lege sie in den Slow-Cooker-Innentopf und gieße die restlichen 300 ml Brühe dazu.

5. Setze den Deckel auf und gare die Kohlrouladen 6 Stunden LOW.

6. Entnimm die Kohlrouladen und fülle die Garflüssigkeit zusammen mit der Sahne in einen Topf auf dem Herd. Dicke sie mit Saucenbinder an und schmecke sie mit Salz und Pfeffer ab.

8–10 Portionen | 13 h 20 Min. | mittel

Rotkohl

Zeit: 20 Minuten plus 8 Stunden plus 5 Stunden
8–10 Portionen

1 Rotkohl à 1,2–1,5 kg
2 Äpfel, z. B. Boskoop
Saft ½ Zitrone
8 EL heller Aceto balsamico
4 EL brauner Zucker
1 TL Salz
4 Zwiebeln
50 g Butterschmalz
200 ml naturtrüber Apfelsaft
1 Lorbeerblatt
1 Zimtstange
2 Nelken
¼ TL Pfeffer

1. Entferne als Erstes die äußeren Blätter vom Rotkohl, schneide ihn dann in Viertel, entferne den Strunk und schneide ihn in Streifen. Wasche die Äpfel, schneide sie in Viertel, entferne das Kerngehäuse und schneide sie in Würfel. Vermische die Rotkohlstreifen und die Apfelwürfel in einer großen Schüssel mit Zitronensaft, 6 EL Aceto, 2 EL Zucker und 1 TL Salz. Stelle die abgedeckte Mischung zum Marinieren über Nacht in den Kühlschrank.

2. Nimm am nächsten Tag die Schüssel aus dem Kühlschrank. Schäle die Zwiebeln, halbiere sie und schneide sie in Streifen.

3. Erhitze das Butterschmalz in einer Pfanne auf dem Herd, streue die restlichen 2 EL Zucker hinein und lass sie unter Rühren karamellisieren. Lösche mit den restlichen 2 EL Aceto ab. Vorsicht, es spritzt! Füge die Zwiebelstreifen hinzu und dünste sie einige Minuten an.

4. Füge den Pfanneninhalt, Apfelsaft, Lorbeerblatt, Zimtstange und Nelken zum marinierten Rotkohl und vermische die Zutaten. Fülle sie in den Slow-Cooker-Innentopf.

5. Setze den Deckel auf und gare den Rotkohl 3 Stunden HIGH und dann weitere 2 Stunden LOW.

6. Entferne Lorbeerblatt, Zimtstange und Nelken und schmecke den Rotkohl mit Salz und Pfeffer ab. Auch für diese Art der Zubereitung gilt: Aufgewärmt schmeckt der Rotkohl noch besser!

SÜSSES

Tipp: Die gestockte Crème kannst du gut vorbereiten, sie hält sich im Kühlschrank etwa 2–3 Tage. Karamellisieren solltest du sie dann aber erst kurz vor dem Servieren, damit die Karamellschicht noch warm ist und beim Anstechen schön knackt.

4–6 Portionen | 12 h 15 Min. | mittel

Crème brûlée

Zeit: 15 Minuten plus 8 Stunden plus 4 Stunden
Utensilien: Crème brûlée-Förmchen, Frischhaltefolie, Küchen-Bunsenbrenner
4–6 Portionen

½ Vanilleschote
400 ml Sahne
4 Eier, Größe M
75 g Zucker
4–6 TL brauner Zucker

1. Schneide als Erstes die Vanilleschote der Länge nach auf und kratze das Mark heraus. Verrühre es dann mithilfe eines Schneebesens gründlich mit Sahne, Eiern und Zucker. Lege die ausgekratzte Vanilleschote ebenfalls in die Mischung und lass sie abgedeckt für mindestens 4 Stunden im Kühlschrank ziehen.

2. Entferne die Vanilleschote und verteile die Masse auf die Förmchen. Decke sie mit Frischhaltefolie ab und stelle sie in den Slow-Cooker-Innentopf. Gieße vorsichtig Wasser dazu, bis die Förmchen zu zwei Dritteln darin stehen.

3. Setze den Deckel auf und lass die Crème brûlée 1 Stunde HIGH und weitere 3 Stunden LOW stocken.

4. Nimm die Förmchen nach der Garzeit vorsichtig heraus, lass sie zunächst auf Raumtemperatur abkühlen und dann für weitere mindestens 4 Stunden im Kühlschrank vollständig erkalten. Dabei wird die Crème erst richtig fest.

5. Bevor du die Crème servierst, streust du jeweils 1 TL braunen Zucker darüber und karamellisierst sie mithilfe eines Küchen-Bunsenbrenners.

Tipp: Crème brûlée-Förmchen haben einen Durchmesser von 10–12 cm, sind aber nur etwa 4 cm hoch. Teste aus, wie viele Förmchen in deinem Slow-Cooker-Innentopf Platz finden.

4 Portionen | 3 h 50 Min. | leicht

Blaubeer-Hafer-Crisp

Zeit: 20 Minuten plus 3,5 Stunden

4 Portionen

500 g gefrorene Blaubeeren
1 EL Zitronensaft
120 g Zucker
160 g Weizenmehl, Type 405
80 g Haferflocken
1½ TL Zimtpulver
¼ TL Salz
125 g kalte Butter
200 ml Sahne

1. Vermische als Erstes Blaubeeren, Zitronensaft, 60 g Zucker und 40 g Mehl. Verteile diese Mischung auf dem Boden des Slow-Cooker-Innentopfes.

2. Gib die restlichen 60 g Zucker, 120 g Mehl, Haferflocken, Zimt und Salz in eine Schüssel. Schneide die Butter in Würfel und vermische die Zutaten mit den Händen zu Bröseln. Verteile diese auf der Blaubeer-Mischung.

3. Setze den Deckel auf und gare den Blaubeer-Hafer-Crisp 3,5 Stunden HIGH.

4. Schlage gegen Ende der Garzeit die Sahne halbsteif und serviere sie zu dem lauwarmen Blaubeer-Hafer-Crisp.

4 Portionen | 3 h 25 Min. | leicht

Schoko-Erdnuss-Cakes

Zeit: 25 Minuten plus 2,5 Stunden plus 30 Minuten
Utensilien: 4 Förmchen
4 Portionen

10 g Margarine
50 g Zartbitter-Schokolade, 70 % Kakao
125 g Weizenmehl, Type 405
40 g Backkakao
100 g Zucker
1 Päckchen Vanillezucker
1 Prise Salz
1 TL Backpulver
1 Ei, Größe M
75 ml Milch
100 g zimmerwarme Erdnussbutter
2 EL Rapsöl
150 ml kochendes Wasser

1. Fette als Erstes die Förmchen mit Margarine ein und stelle sie in den Slow-Cooker-Innentopf.

2. Zerkleinere dann die Schokolade grob und mische sie zunächst mit Mehl, 15 g Kakao, 50 g Zucker, Vanillezucker, Salz und Backpulver. Füge dann die übrigen Zutaten hinzu nämlich Ei, Milch, Erdnussbutter sowie Öl und verarbeite sie zu einem Teig. Verteile den Teig in die vorbereiteten Förmchen.

3. Rühre schließlich kochendes Wasser mit den restlichen 25 g Kakao und 50 g Zucker glatt und verteile diesen Guss über den Teig in den Förmchen.

4. Setze den Deckel auf und gare die Schoko-Erdnuss-Cakes 2,5 Stunden HIGH.

5. Lass sie nach der Garzeit etwa eine halbe Stunde im Slow Cooker abkühlen. Dazu passt Vanillesauce oder Vanilleeis.

6 Portionen | 3 h 20 Min. | leicht

Erdnuss-Brownies

Zeit: 20 Minuten plus 3 Stunden

Utensilien: Backpapier

6 Portionen

280 g Weizenmehl, Type 405
40 g Backkakao
1 TL Backpulver
180 g Butter + zum Einfetten
200 g Zartbitter-Schokolade, 70 % Kakao
4 Eier, Größe M
175 g Zucker
180 g sehr weiche Erdnussbutter
100 g ungesalzene Erdnüsse
Erdnüsse und Schokosauce zum Dekorieren

1. Bereite als Erstes den Slow Cooker zum Backen vor, indem du den Innentopf mit etwas Butter einfettest. Lege dann Backpapier auf den Boden und lass es am Rand hochstehen.

2. Mische Mehl, Kakao und Backpulver in einer Schüssel.

3. Gib Butter und Schokolade in einen Topf und schmelze beides auf dem Herd bei sanfter Hitze. Fülle die Masse in eine Schüssel um und füge Eier und Zucker hinzu. Verrühre die Zutaten mit einem Schneebesen und rühre schließlich auch die Mehl-Kakao-Mischung kurz unter.

4. Fülle den Teig in den vorbereiteten Slow-Cooker-Innentopf, verteile Erdnussbutter in Flöckchen sowie Erdnüsse darauf und mische beides vorsichtig mit einer Gabel unter den Teig.

5. Setze den Deckel auf und gare den Teig 2,5–3 Stunden LOW. Brownies sollten am Rand gar und in der Mitte noch leicht feucht sein.

6. Entferne den Deckel nach der Garzeit und lass den Brownieteig zunächst im Slow Cooker auskühlen. Entnimm den gebackenen, ausgekühlten Brownieteig nun und schneide ihn in 6 Portionen. Jetzt kannst du die Brownies mit Erdnüssen und Schokosauce dekorieren.

4–6 Portionen | 4 h 20 Min. + Kühlzeit | leicht

Möhrenkuchen

Zeit: 20 Minuten plus 4 Stunden plus Kühlzeit
Utensilien: Küchenreibe, Springform Ø 16 cm, Backpapier, Alu- und Frischhaltefolie, Rührgerät
4–6 Portionen

Für den Kuchen:
200 g Möhren
40 g Walnusskerne
1 l Wasser zum Befüllen
1 Ei, Größe L
80 g brauner Zucker
50 ml Sonnenblumenöl + zum Einfetten
120 g Weizenmehl, Type 405
½ TL Backpulver
½ TL Natron
½ TL Zimtpulver
1 Prise Salz
1 Spritzer Zitronensaft

Für das Frosting:
120 g Frischkäse
60 g weiche Butter
1 TL Vanilleextrakt, z. B. von Dr. Oetker®
1 Prise Salz
5 g Puderzucker

1. Schäle als Erstes die Möhren, raspele sie mithilfe einer Küchenreibe und hacke die Walnüsse. Lege die Springform mit Backpapier aus und fette den Rand mit etwas Öl ein. Forme ein Stück Alufolie zu einem Ring und lege ihn auf den Boden des Slow-Cooker-Innentopfes. Befülle diesen mit etwa 1 Liter Wasser.

2. Gib Ei und Zucker in eine Schüssel, verrühre sie kurz mithilfe eines Schneebesens miteinander und rühre anschließend das Öl gründlich unter. Mische Mehl, Backpulver, Natron, Zimt und Salz miteinander und rühre diese Mischung unter die Ei-Zucker-Öl-Mischung. Hebe Möhrenraspel, 30 g gehackte Walnüsse und Zitronensaft unter und verteile den Teig in der vorbereiteten Form. Decke sie mit Frischhaltefolie ab und stelle sie auf den vorbereiteten Aluring.

3. Setze den Deckel auf und gare den Möhrenkuchen 3–4 Stunden HIGH. Führe eine Stäbchenprobe durch und nimm die Form heraus, wenn der Kuchen gar ist und kein Teig mehr an dem Holzstäbchen kleben bleibt.

4. Bereite schließlich ein Frosting zu: Verrühre dafür Frischkäse, Butter, Vanilleextrakt und Salz mithilfe eines Rührgerätes miteinander. Lass den Puderzucker einrieseln und schlage die Masse etwa 3 Minuten schaumig. Verteile sie auf dem ausgekühlten Möhrenkuchen und streue die restlichen 10 g gehackte Walnüsse darüber.

Zeit: 30 Minuten plus 2 Stunden

8 Portionen

500 g Weizenmehl, Type 405
75 g Zucker
2 Päckchen Vanillezucker
1 Würfel Frischhefe
170 g weiche Butter
2 Prisen Salz
370 ml Milch
1 Ei, Größe M

8 Portionen | 2 h 30 Min. | mittel

Dampfnudeln

1. Bereite als Erstes einen Hefeteig zu: Gib dafür Mehl in eine Schüssel und forme eine Mulde, in die du Zucker und 1 Päckchen Vanillezucker gibst. Brösele die Hefe darauf und verteile 90 g weiche Butter und 1 Prise Salz am Schüsselrand. Erwärme 220 ml Milch, bis sie handwarm ist, und gieße so viel zu der Hefe, bis die Mulde gefüllt ist, den Rest gießt du zu den Butterflöckchen am Schüsselrand. Decke die Schüssel mit einem Küchenhandtuch ab und lass die Hefe 10 Minuten gehen.

2. Füge das Ei hinzu und verknete alle Zutaten in der Schüssel miteinander. Decke die Schüssel wieder mit einem Küchenhandtuch ab und lass den Hefeteig weitere 20 Minuten gehen.

3. Gib in der Zwischenzeit die restlichen 150 ml Milch, 80 g Butter, 1 Päckchen Vanillezucker und 1 Prise Salz in den Slow-Cooker-Innentopf. Setze den Deckel auf und lass die Butter auf HIGH schmelzen.

4. Teile den Hefeteig in 8 gleichgroße Portionen, forme Kugeln daraus und verteile sie in der warmen Flüssigkeit im Slow-Cooker-Innentopf.

5. Setze den Deckel auf und gare die Dampfnudeln 1 Stunde HIGH und 1 weitere Stunde LOW.

6. Trenne die zusammengebackenen Dampfnudeln voneinander und serviere sie mit Vanillesauce und Mohn. Alternativ passt auch Kirschkompott und Zimtzucker dazu.

6 Portionen | 6 h 20 Min. | leicht

Mini-Cheesecakes im Glas

Zeit: 20 Minuten plus 4 Stunden plus 2 Stunden
Utensilien: Gefrierbeutel, Nudelholz, 6 Gläser
6 Portionen

Für den Boden:

100 g Vollkorn-Butterkekse
10 g brauner Zucker
50 g weiche Butter

Für die Füllung:

350 g Frischkäse, z. B. von Philadelphia®
2 Eier, Größe M
120 ml Kondensmilch
Mark von 1 Vanilleschote
1 Päckchen Vanillezucker
1 TL Zitronensaft

1. Gib als Erstes die Butterkekse in einen Gefrierbeutel und zerkleinere sie mithilfe eines Nudelholzes. Fülle sie in eine Schüssel um, gib Zucker und Butter hinzu und verarbeite die Zutaten zu Krümeln. Verteile diese auf 6 Gläser und drücke sie mithilfe eines Löffels gut fest.

2. Rühre nun Frischkäse, Eier, Kondensmilch, Vanillemark, Vanillezucker und Zitronensaft mit dem Handrührgerät zu einer glatten Masse. Fülle diese in die vorbereiteten Gläser auf den Keksboden und stelle sie in den Slow-Cooker-Innentopf. Fülle warmes Wasser auf, so dass die Gläser zu zwei Dritteln darin stehen.

3. Setze den Deckel auf und lass die Mini-Cheesecakes 1,5–2 Stunden HIGH oder 3–4 Stunden LOW stocken.

4. Nimm die Gläser nach der Garzeit vorsichtig aus dem Wasserbad und lass sie einige Stunden abkühlen. Serviere die Mini-Cheesecakes wahlweise mit Fruchtsauce, Roter Grütze oder Apfelkompott.

4–6 Portionen | 11 h 20 Min. | leicht

Vanille-Cheesecake

Zeit: 20 Minuten plus 3 Stunden plus 8 Stunden
Utensilien: Springform Ø 16 cm, Backpapier, Alu- und Frischhaltefolie, Rührgerät
4–6 Portionen

1 l Wasser zum Befüllen
40 g Butter + zum Einfetten
150 g + 1 EL Zucker
100 g Vollkorn-Butterkekse
¼ TL Zimtpulver
400 g Frischkäse
100 g saure Sahne
2 Eier, Größe M
2–3 TL Vanilleextrakt, z. B. von Dr. Oetker®
50 g Zartbitter-Schokolade, 70 % Kakao
2 EL gehackte Mandeln

1. Lege als Erstes die Springform mit Backpapier aus und fette den Rand mit etwas Butter ein. Forme ein Stück Alufolie zu einem Ring und lege ihn auf den Boden des Slow-Cooker-Innentopfes. Befülle den Innentopf mit etwa 1 Liter Wasser.

2. Schmelze dann die Butter und gib die Butterkekse in einen Gefrierbeutel. Zerkleinere sie mithilfe eines Nudelholzes und fülle sie in eine Schüssel um. Mische sie gründlich mit 1 EL Zucker, Zimt und der geschmolzenen Butter. Verteile die Masse auf dem Boden der vorbereiteten Form und drücke sie gut fest.

3. Verrühre nun restlichen Zucker, Frischkäse, saure Sahne, Eier und Vanilleextrakt mithilfe eines Rührgerätes. Gieße die Masse auf den vorbereiteten Keksboden, decke die Form mit Frischhaltefolie ab und stelle sie auf den vorbereiteten Aluring.

4. Setze den Deckel auf und gare den Vanille-Cheesecake 2 Stunden HIGH. Lass ihn anschließend 1 weitere Stunde im abgeschalteten Slow Cooker ruhen, bevor du ihn rausnimmst. Löse den Kuchen aus der Form und lass den Vanille-Cheesecake über Nacht im Kühlschrank auskühlen.

5. Schmelze am nächsten Tag die Schokolade, gieße sie über den Cheesecake und streue gehackte Mandeln darüber.

Tipp: Dulce de leche ist wörtlich übersetzt, „etwas Süßes aus Milch" und in Spanien und Lateinamerika als Brotaufstrich sehr beliebt. Bei uns findest du die Creme mittlerweile im gut sortierten Supermarkt, alternativ kannst du auch Karamell verwenden.

10–12 Portionen | 2 h 20 Min. | mittel

Fudge mit weißer Schokolade und Salznüssen

Zeit: 20 Minuten plus 2 Stunden
Utensilien: Auflaufform à 20 x 20 cm, Alufolie
10–12 Portionen

400 g gezuckerte Kondensmilch, z. B. Milchmädchen®
20 g Vanillepaste, z. B. von Dr. Oetker®
650 g weiße Kuvertüre
1 EL Sonnenblumenöl
100 g gesalzene Macadamia-Nüsse, z. B. von ültje®
30 g gesalzene Erdnüsse oder Mandeln, z. B. von ültje®
8 TL Dulce de Leche, s. Tipp

1. Verrühre als Erstes die gezuckerte Kondensmilch mit der Vanillepaste und fülle beides in den Slow-Cooker-Innentopf. Zerkleinere die Kuvertüre grob und füge sie hinzu.

2. Stelle den Slow Cooker ohne Deckel auf LOW. Verrühre den Inhalt alle halbe Stunde gründlich und erhitze ihn so lange, bis sich alle Zutaten zu einer glatten Masse verbunden haben. Das dauert etwa 2 Stunden.

3. Lege in der Zwischenzeit eine Auflaufform mit Alufolie aus und fette diese mit Öl ein. Zerkleinere die Macadamia-Nüsse und die Erdnüsse grob. Rühre die zerkleinerten Nüsse nach der Garzeit unter die Kondensmilch-Kuvertüre-Masse und gieße sie anschließend in die vorbereitete Form.

4. Erwärme das Dulce de Leche leicht in einem Topf auf dem Herd oder in der Mikrowelle und verteile es teelöffelweise auf der Fudge-Masse. Verrühre es etwas und lass die Fudge-Masse jetzt vollständig auskühlen. Dann kannst du sie aus der Form stürzen und in mundgerechte Portionen schneiden.

Weitere Titel der Edition Lempertz

Ullas Lieblingsgerichte Frische Marktküche

ca. 120 Seiten,
Format: 21 x 26 cm, Hardcover,
durchgehend farbig bebildert,
ISBN: 978-3-96058-321-9, **19,99 €**
Erscheint September 2019

Vielen WDR 4 Hörern ist Ulla Scholz als sympathische Stimme und Köchin bekannt, die ihnen wöchentlich ein neues Lieblingsrezept präsentiert. Essen und Trinken sind ihre Leidenschaft, die sie 20 Jahre lang im ausgezeichneten Kölner Restaurant „Tafelspitz" auslebte. Hier präsentiert sie nun 60 ausgewählte Lieblingsrezepte für eine alltagstaugliche und frische Küche – es wird eingekocht, gedünstet, gebraten, gebacken und natürlich geschlemmt. Mit der Freude an Zutaten und Zubereitung interpretiert sie bodenständige Klassiker auf überraschende Weise neu. Fleisch- und Fischliebhaber kommen bei ihr ebenso auf ihre Kosten wie Gemüsefans. Ebenso gibt es Tipps für den frischen und regionalen Einkauf in Nordrhein-Westfalen, denn für ihre Marktküche bedient sich Ulla Scholz gerne an der saisonalen Fülle von heimischen Märkten und Hofläden.

Cook4Me Frische Küche, schnell gekocht

ca. 128 Seiten,
Format: 18 x 23 cm, Flexicover,
durchgehend farbig bebildert,
ISBN: 978-3-96058-322-6, **9,99 €**
Erscheint September 2019

Schon wieder ein Tiefkühlgericht? Das muss nicht sein!
Sie möchten Ihr Essen schnell und einfach zubereiten? Und noch dazu soll es gesund sein? Der intelligente Multikocher Cook4Me kocht für Sie frisch, schnell und lecker. Mit ihm wird Kochen zum Kinderspiel!
Einfach und schnell bereitet der Cook4Me tolle Gerichte auf Knopfdruck für die ganze Familie zu. In diesem Buch finden Sie 50 neue Rezepte, für die Sie nur maximal 10 Minuten benötigen. Mit wenigen Klicks ist ein frisches Gericht für Ihre Lieben aus knackigem Gemüse, Nudeln, Reis, Quinoa oder anderem Getreide zubereitet. In unserem Kochbuch haben wir Rezepte für diverse Vorspeisen, Hauptspeisen und Desserts für Sie zusammengestellt. Es wird nie Langeweile aufkommen, denn für Abwechslung ist mit unserem Cook4Me-Kochbuch gesorgt.

All in one

120 Seiten,
Format: 17 x 24 cm,
Klappenbroschur,
durchgehend farbig bebildert,
ISBN: 978-3-96058-126-0, **9,99 €**
Bereits erschienen

All in one – Alles in Einem, hier sagt der Name eigentlich schon alles, in diesem Buch braucht ihr nämlich nur Einen: euren Thermomix®! Unsere Autorin Ulrike Behmer hat in diesem Buch über 40 leckere Rezepte aus ihrer reichhaltigen Sammlung zusammengestellt, die vor allem eins versprechen: Kochen ganz ohne Stress! Vom glasierten Honigkassler bis zum exotischen Putencurry, sowohl im TM5® als auch im TM31® sind diese Gerichte im Handumdrehen zubereitet und die ganze Familie ist satt und glücklich! Entweder kann alles zusammen im Mixtopf zubereitet werden oder die Zutaten werden auf Mixtopf und Varoma® verteilt. Eins gilt auf jeden Fall: Ihr könnt euch entspannen und der Thermomix® erledigt für euch den Rest!